디지털 노마드, N잡러들의 필독서

누구나 쉽게
디자인으로
돈 벌게 해주는
캔바(Canva)

이은희(노마드에셀) 지음

KB081697

아티오
ArtStudio

이은희(노마드에셀)

- 오랫동안 어도비 프로그램들을 사용해 왔지만 캔바의 매력에 빠진 뒤 이제 완전히 갈아타서 캔바 강사 양성에 주력하고 있다.
- 국제디지털콘텐츠 협회장을 맡고 있으며, 캔바 콘텐츠 강사 자격증 발급으로 캔바 강사들의 활동 영역을 넓히는데 힘쓰고 있다.
- 네이버 경제 비즈니스 인플루언서이자 캔바 수익화 관련 칼럼을 많이 쓰고 있으며, 이와 관련한 전자책을 5권 이상 발간했다. 특히 캔바 키워드 전자책은 우리나라에서 독보적인 책이다.
- 현재 캔디짱(캔바디자인짱) 강의가 13기까지 이어지고 있으며, 이외에도 디지털 파일, POD, 포트폴리오, 프리랜서 등 다양한 강의 콘텐츠를 바탕으로 캔바로 수익화 할 수 있는 법을 알리고 있다.

– 온라인 〈캔디콘 스쿨〉 운영
– 온라인 〈디콘스〉 운영

저자와 소통할 수 있는 채널

- 블로그 : https://blog.naver.com/canvaclass
- 인스타그램 : https://www.instagram.com/reignall6482/
- 유튜브 : https://www.youtube.com/@user-wr8pb6ld3x
- 이메일 : lalamom6482@naver.com

누구나 쉽게 디자인으로 돈 벌게 해주는
캔바(Canva)

2023년 6월 20일 초판 인쇄
2023년 6월 30일 초판 발행

펴낸이	김정철
펴낸곳	아티오
지은이	이은희(노마드에셀)
마케팅	강원경
표 지	김지영
편 집	이효정
전 화	031-983-4092~3
팩 스	031-696-5780
등 록	2013년 2월 22일
정 가	20,000원
주 소	경기도 고양시 일산동구 호수로 336 (브라운스톤, 백석동)
홈페이지	http://www.atio.co.kr

* 아티오는 Art Studio의 줄임말로 혼을 깃들인 예술적인 감각으로 도서를 만들어 독자에게 최상의 지식을 전달해 드리고자 하는 마음을 담고 있습니다.

저는 캔바 강사, 디자이너, 네이버 인플루언서, 온라인 마케터, 컨트리뷰터, 크리에이터, 전자책 작가, 디지털 파일 셀러, POD 셀러, 국제 디지털 콘텐츠 협회 협회장 등등을 맡고 있는 N잡러 노마드에셀입니다.

갑자기 웬 제 자랑이냐고요? 그게 아니라 저를 소개할 수 있는 말이 딱 한 단어가 아닌 너무 여러 가지라서 이렇게 일일이 다 열거해 보았습니다.
디지털이 다변화되면서 N잡러, 디지털 노마드 등 이전에 없던 새로운 신조어들이 많이 생겼습니다. 이 책을 읽고 계신 여러분은 막연히 경제적 자유만 꿈꾸고 계시거나, 아직도 하나의 직업에만 매달리고 계신가요? 아니면 취업 준비와 직장생활에만 의존하고 계신가요? 우리는 누구나 자신이 가진 지식으로 창업할 수 있는 시대에 살고 있습니다. 이제 자신만의 강력한 무기를 가져야 합니다.
디지털 시대에 아직 자신만의 무기를 뭐로 해야 할지 정하지 못하고 계신 분이라면 이 책을 끝까지 정독하신 뒤 마음을 확실히 정해보세요.

주변의 이야기를 들어보면 구매대행을 해서 성공을 한 사람은 돈 벌려면 무조건 구매대행을 해야 한다고 하고, 쿠팡 파트너스로 성공한 사람은 쿠파스를 하라고 하고, 블로그로 성공한 사람은 또 블로그를 꼭 해야 한다고 말할 것입니다. 그런데 이러한 모든 온라인 사업을 하는 데 있어 반드시 필요한 것이 바로 디자인 툴입니다.
N잡러라는 저의 정체성을 보여주는 이 모든 이름들은 바로 '캔바'를 통해 얻게 된 이름들입니다. 그래서 오늘도 전 만나는 사람들마다 무조건 캔바를 배워야 한다고 목소리를 높입니다.

캔바 강의에 있어서 저의 수업이 큰 차별점이 있는 건 단지 툴만 가르쳐주는 것이 아닌 다양한 수익화 방법까지 알려주는 데 있습니다.
여러분도 디자인툴 캔바를 제대로 배우셔서 온라인으로 달러도 벌고, 지식 창업도 하고, 재능마켓 프리랜서 활동도 하는 N잡러가 되시길 바랍니다.

어렵고 비싼 포토샵이나 일러스트레이터가 아닌 초간단, 초심플, 초스마트한 캔바로 여러분도 그 대열에 합류하실 수 있습니다.

이은희 (노마드에셀)

이은희(노마드에셀)님 수강생들의 이야기

▶ **자스민 가든 김강희(클래스유 캔바 강사, 공인중개사, 부동산학 석사)**

저는 캔바를 매직이라고 생각합니다. 노마드에셀 선생님을 만나서 캔바에 대해 하나씩 접하면서 인스타도 시작하게 되고, 인스타피드도 곧잘 만들게 되었습니다. 어려운 포토샵에 비해 훨씬 쉽게 활용할 수 있어 캔바를 배운 것은 차원이 다른 세상을 사는 것 같았습니다.
기본반과 심화반, 디지털아트반, 포트폴리오반, 강사반, 상세페이지반 등 업그레이드를 하면서 실력을 다지고 여러 가지를 배우다보니 어느새 저도 강의를 하는 수준까지 올라왔네요.

새벽까지 수면도 부족한 채 과제를 완수하곤 했는데 정말 재미가 없으면 그렇게 할 수 없었겠죠? 흥미를 가지고 즐겁게 했던 것 같아요. 선생님의 강의는 정말 새롭고, N잡러가 될 수 있는 다양한 길을 안내해 주십니다.

캔바에서 새로운 변화가 있을 때에는 제일 먼저 체크해서 알려주시고, 항상 노력하시는 모습이죠. 강의에서 느끼는 열정, 진솔하고 돈독한 정, 실력은 누구와도 견줄 수 없는 파워풀한 최고의 강사님이라고 자부합니다.

좋은 분을 좋은 인연으로 만나서 참 좋습니다. 제가 추천서를 쓸 수 있어서 영광이고, 책 출간을 진심으로 축하드립니다.

▶ **무한지성 박미희(교직생활 은퇴 후 손주를 키우면서 캔바 디지털아트 1호 작가 되심)**

나 스스로 좋은 글 카드를 만들어 봐야겠다는 생각에 배우게 된 노마드에셀 이은희님의 캔바 강의는 새로운 세계로 인도하였고, 내 삶을 풍성하게 해 주었습니다. 가장 개인적인 것이 가장 창의적이라고 생각하며 나만의 색깔로 가족, 친구 사진과 동영상을 만들어 공유하고, 특별한 날에는 내가 만든 캔바 작품으로 특별한 날 카드를 전하며 사랑의 마음을 나누고 있습니다. 그런가 하면 손녀들과 캔바 작품을 함께 만들며 공통 대화로 세대간 격차도 줄이고 있습니다.

하지만 인간 기억의 한계로 인해 모르는 부분이 있을 때 언제든지 펼쳐 볼 수 있는 캔바 교과서에 대한 필요성을 느끼고 있었는데 노마드에셀 이은희 선생님의 책이 출간된다고 하니 감사한 마음이 샘 솟습니다. 책을 살펴보니 강의에서 보여주셨던 선생님의 온화함과 친절함 그리고 대한민국 최고 캔바 강사의 전문성이 느껴집니다.
이 책은 대한민국 캔바 교과서 1호로 많은 이들의 창의성에 불을 지피고 기준을 잡아줄 것이라고 확신합니다.

▶ **김새롬**(경력15년차 메이저 잡지 기자 출신, 클래스유 POD 전문 강사 및 프리랜서 디자이너)

정보와 테크닉을 전달해 주는 건 너무나 당연한 일입니다. 캔바라는 디자인 툴의 사용법을 알려주는 책이니까요. 그것을 기대하고 책을 읽기 시작했다면, 책을 마칠 때 즈음에는 "할 수 있을 것 같아, 용기 내서 시작해 볼까" 라는 희망과 자신감으로 가슴이 설레는 것을 경험하게 될 것입니다.

어떻게 아냐고요? 노마드에셀 선생님의 수업을 들으면서 제가 그랬으니까요. 먼저 수업을 들었던 제자로서 팁을 하나 드리자면, 선생님의 괴롭힘을 즐기세요.
하나라도 더 가르쳐 주고 싶어 하는 선생님의 욕심과 열정이 가득 담긴 책이니까 따라 할 것도 시도해 볼 것도 정말 많이 담겨있습니다. 그걸 하나도 빠짐없이 다 해보세요.
책을 눈으로만 읽지 말고, 지금 당장 컴퓨터 켜고 손가락으로 하나씩 짚어가면서 따라해보세요. 즐거운 잔소리와 채찍을 따라가다 보면 어느새 훌쩍 성장한 자신을 발견하실 수 있을 거예요.

때로는 커다란 파도에 지치지 않도록 다독여주시고, 적당한 파도쯤은 맞서서 넘어서야 한다고 용기와 해결책을 주시는 노마드에셀 선생님의 책이 우리들의 성장 로드맵이 되어줄 것이라 믿습니다. 우리 모두의 멋진 시작을 응원합니다!

▶ **랄라라 김경옥**(유튜브 숏폼 동영상 전문강사, 디지털 콘텐츠 마스터)

이 책에는 노마드에셀 선생님의 실전 경험과 연구를 바탕으로, 캔바를 이용한 다기능 콘텐츠 제작 및 직접적인 수익 창출 방법이 나와 있습니다. 초보자도 쉽게 따라 할 수 있는 캔바 활용 노하우를 바탕으로, 일반인이 전문 디자이너로 거듭날 수 있도록 상세한 정보를 제공하고 있습니다.

특히 캔바를 활용하여 다각화된 수익화 전략을 세울 수 있는 방법을 자세히 알려주어, 디지털 콘텐츠 N잡러를 꿈꾸는 분들에게 큰 도움이 될 것입니다. 인공지능 AI를 활용한 디지털 파일 제작에 대한 실용적인 정보도 제공하여 디지털 시대에 꼭 필요한 콘텐츠 제작 노하우를 제공합니다.

캔바를 활용하여 여러 분야에서 전문가로 활약할 수 있는 다양한 콘텐츠 제작 및 수익화를 꿈꾸는 N잡러의 가이드 도서로 강력하게 추천합니다.

▶ **보라비 김미희**(원예치료사, 블로그 마케팅 전문가, 디지털 파일 연구소 리더)

캔바 디자인의 대가, 노마드에셀 이은희 선생님의 노하우를 그대로 담아놓은 캔바 종이책이 나왔네요. 강의를 통해 전해주신 다양한 캔바 디자인 작업 과정을 하나 하나 캡처해서 자세히 올려두셔서 강의 영상을 볼 시간이 없을 때 또는 기억이 잘 나지 않을 때 옆에 두고 작업을 할 수 있는 캔바 디자인 필수 책이라고 할 수 있겠습니다.

최근 캔바가 대대적인 업데이트를 했는데 이 부분도 책에 담아놓으셔서 캔바 최신 버전 사용법까지 배울 수 있습니다. 특별히 9장에 나오는 원하는 이미지 바로 찾아주는 캔바 키워드 모음집은 막연하게 요소를 찾느라 작업 시간을 소요할 필요없이 키워드 모음집 도움을 받아 쉽고 빠르게 원하는 이미지를 찾아 작업효율을 높일 수 있을 거라 생각합니다.

저는 노마드에셀 선생님을 통해 캔바를 배운 수강생이기도 한데요 늘 앞서 공부하셔서 즐겁게 전해주시는 노마드에셀 선생님의 캔바 강의를 수강할 수 있었던 건 제 인생의 큰 전환점이 되어 주었습니다. 이 책을 만나는 모든 분들도 새로운 변화를 누릴 수 있을 거라 생각합니다. 캔바의 다양한 디자인을 더 배우고 싶은 분들께는 책과 함께 노마드에셀 선생님의 강의 수강도 적극 추천합니다.

▶ 아울맘 김성미(스터디언 강연자, 디지털드로잉 전문가)

수없이 많은 앱들과 프로그램들 중 누구나 쉽게 시작할 수 있지만 야물딱지게 제대로 활용하기는 쉽지 않은 것들이 있지요. 캔바도 그 중 하나입니다.
저도 캔바 사이트에서 혼자 헤매기도 하고 인터넷 검색을 하며 어설프게 사용하다가 노마드에셀님의 강의를 접한 후 선생님만의 체계적인 커리큘럼을 따르면서 다양한 이미지 제작 경험을 통해 캔바의 매력에 흠뻑 빠져 지냈습니다. 혼자서는 엄두도 못 냈을 동영상 강의 제작까지도 할 수 있었구요. 선생님의 노하우가 담긴 책이 출판된다는 소식을 들었는데 내용을 보고 깜짝 놀랐습니다. 수 개월 동안 배웠던 내용들이 일목요연하고 상세하게 담겨있어 자주 사용하지 않아 잊고 있던 기능들을 다시 환기할 수 있었고, 최근에 대대적으로 업그레이드 된 캔바의 신기능들까지 자세히 다뤄 주셨더라구요.

이 책 한 권이면 템플릿 활용에서부터 포토샵 버금가는 이미지 편집, 최근에 이슈가 되고 있는 AI 드로잉까지 마우스 클릭 몇 번으로 해결할 수 있는 능력자가 되실 수 있을 겁니다.

▶ 캔디쌤 박은숙(심리상담센터 운영, 캔바 자격증 전문강사)

캔바를 처음 배울 때 서점에서 책을 사서 보려고 했었습니다. 그런데 캔바 책은 찾을 수가 없었습니다. 그래서 에셀쌤이 캔바 책 작업을 할 때부터 출간되기만을 손꼽아 기다렸습니다.
"좋은 책을 읽는다는 것은 몇백 년 전에 살았던 가장 훌륭한 사람과 대화하는 것이다" 라고 르네 데카르트는 말했습니다.

캔바는 기술적인 책이지만, 초보자를 배려하여 캔바의 가입부터 서술해 놓은 것에서 부터 에셀쌤의 따스한 마음이 느껴졌습니다. 특히 단축키 모음과 요소집은 캔바를 조금 배운 사람이라면 얼마나 필요한 부분인지 알 것입니다.

▸ **유젤리나 유윤경(클래스유 SNS 디자인 전문가)**

대한민국 캔바 창시자라고 해도 과언이 아닌 노마드에셀님의 캔바 비법서가 드디어 나왔습니다!

다방면으로 사용 가능한 캔바를 아직도 모르시는 분들이 많은 것 같습니다. 취미에서 온라인 수익화까지 모든게 가능한 캔바의 세계! 컴맹, 똥손인 저도 노마드에셀님의 수업으로 온라인 플랫폼 강의 입점을 하게 되었습니다.
캔바의 A부터 Z까지 알려주는 가이드북! 이보다 더 친절할 순 없다고 생각합니다!

▸ **해리디셋 황윤수(국제디지털콘텐츠협회 전담 디자이너, 디지털 아트 전문가)**

캔바와 노마드에셀님을 만나기 전, 디자인이라는 분야는 그저 다른 세상의 영역이었습니다. 캔바로 할 수 있는 그 모든 도전의 여정 속에 노마드에셀님의 친절한 가이드라인이 있었기에 가능한 일이었습니다.

선생님의 디자인 노하우를 감각있게 배우고 실습하며 브랜딩 팁을 배웠습니다. 친절하고 세심한 피드백은 물론이고, 수익화로 연결 지을 수 있도록 진심을 다한 강의는 깊은 신뢰감과 디자인 작업에 자신감까지 불어넣어 주셨습니다.

누군가 캔바를 알게 되었다면 자신있게 말씀드리고 싶습니다. 이 책을 통해 당신은 디자이너가 될 놀라운 경험을 하게 될 것입니다. 아낌없는 저자만의 깨알 팁으로 셀프 브랜딩과 당신의 콘텐츠를 멋지고 자신있게 디자인 할 수 있을 테니까요. 더불어 디지털 N잡러가 되는 첫걸음의 든든한 안내자가 될 것이라 확신합니다.

▸ **허진건(SNS 활용 전문가, 디지털 활용 전문강사)**

처음엔 캔바 1도 몰랐는데 이은희 대표님의 기초 수업을 받고 나서 디자인에 눈을 뜨게 되었습니다. 현재 하는 일과 관련해서 아주 유용하게 잘 사용하고 있습니다. 이 책에는 캔바라는 툴을 가지고 어떻게 다양하게 적용할 수 있는지와 수입 창출의 다양한 방법을 소개하고 있으며, 작업 시 필요한 다양한 키워드까지 안내를 하고 있습니다. 많은 분들이 캔바를 활용해서 진정한 N잡러가 되시길 바랍니다.

이 책의 특징

비트모지 설치 및 사용법 동영상 보기

QR 코드를 읽으면 책에서 설명하는 해당 강좌를 볼 수 있습니다.

STEP ● 4   Canva

04 : PPT 배울 필요 없이 캔바로 간단하게 해결 가능

1. PPT 템플릿 구걸하러 다니지 마세요

저는 캔바를 알기 전까지 무료 템플릿을 찾아 이리저리 많이 헤매고 다녔습니다. 템플릿을 얻기 위해 블로그 공유를 하기도 하고, 구걸 댓글도 많이 달았었는데요. 아마 여러분도 저 같은 경험 많았을 겁니다.

STEP

총 Step 9로 나누어 캔바의 모든 기능을 짜임새 있게 설명하였습니다.

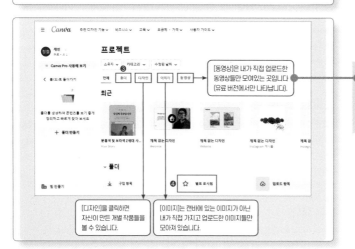

본문에서 설명하지 않는 다른 메뉴들도 쉽게 이해할 수 있도록 설명을 달아놓았습니다.

초보자도 쉽게 따라할 수 있도록 작업 순서대로 넘버링을 표시하였습니다.

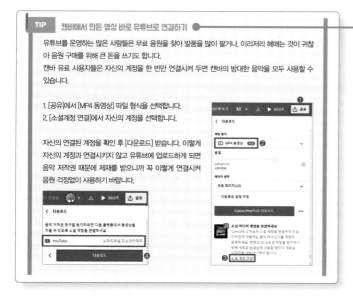

차 례

01 : 왕초보도 따라하면
온라인 디자인 부업왕

1. 누구나 디자이너로 만들어 주는 캔바

아마도 이 책을 읽는 독자들은 블로그, 인스타, 유튜브, 페이스북 등 온라인 채널을 하나쯤은 가지고 계실 것입니다. 자신의 SNS 채널을 운영할 때 단순히 글이나 사진 등을 올리는 것이 아닌 좀 더 멋있게 나 자신을 브랜딩하고 나만의 색깔을 보여주기 위해 디자인은 필수가 되었습니다.

구태여 포토샵이나 일러스트레이터 프로그램을 이용하지 않더라도 썸네일, 상세페이지, 블로그 스킨, 동영상, 움직이는 이미지 등등 복잡하고 다양한 작업을 캔바라는 디자인툴 안에서 한방에 해결됩니다.

더 놀라운 건 나에게 필요한 이미지나 동영상, 사진 등을 찾아 무료 사이트 이리저리 헤매고 다니지 않아도 됩니다. 캔바를 몰랐을 때 사진 보정 작업은 포토샵으로, 그림 작업은 일러스트로, 동영상 작업은 프리미어 등등 여러 프로그램을 오가야 했죠.

그리고 이걸 다 배울려면 엄청난 시간과 비용이 들어가게 됩니다.

하지만 캔바라는 사이트 안에서 한방에 해결할 수 있습니다. 무엇보다도 캔바는 아주 쉽습니다. 드래그 앤 드롭, 즉 클릭해서 끌어오기만 하면 되는 직관적인 프로그램입니다.

혹시 "난 전문 디자이너도 아닌데 이런 프로그램 제대로 사용할 수 있을까" 라고 생각하는 분 계신가요?

디자이너 전공자만 가능할 것이라고 포기한다고요?

똥손이라서 못한다고요?

감각이 없어서 못한다고요?

이제 이런 변명은 통하지 않습니다.

이제 디자이너의 경계가 없어졌습니다. 디자인 전공과 비전공 상관없고요. 평소 디자인적 감각만 있다면 프리랜서 디자이너는 누구나 될 수 있습니다. 바로 캔바가 있기 때문이죠.

캔바는 초등학생도 사용법만 익히면 금방 사용할 수 있습니다. 더 획기적인 건 나에게 필요한 사진이나 이미지 그리고 동영상 음악 등등을 위해 무료 사이트들을 일일이 찾아다니면서 헤맬 필요가 전혀 없고요. 캔바 안에서 이 모든 게 다 해결됩니다.

캔바는 클라우드 방식, 즉 웹사이트에 접속해서 작업하는 방식입니다. 그래서 집에서 작업을 하다가 완성하지 못했으면 직장에서 계속 이어서 작업할 수 있습니다. 이동 중이거나 유사시는 핸드폰을 이용한 캔바 앱으로 수정하거나 새로 만들기를 할 수 있습니다.

클라우드 방식의 또 다른 장점은 외장하드나 USB에 파일을 저장해서 들고 다닐 필요가 전혀 없다는 겁니다. 또 컴퓨터에 바이러스가 먹어서 파일을 날리거나 할 걱정이 전혀 없습니다. 웹사이트에서 자동 저장이 되기 때문에 Ctrl + S 하여 일부러 저장할 일도 전혀 없습니다.
캔바 사용법만 익히게 되면 학교 과제부터 시작해서 자영업 하시는 분들은 자신의 사업 홍보를 직접 할 수 있으며, 더 나아가서는 온라인 콘텐츠 제작까지 영역을 넓힐 수 있습니다

이상을 정돈해보면 여러분도 캔바라는 쉬운 프로그램 하나만 익히면 다양한 방법으로 수익화 파이프라인을 만들어낼 수 있습니다. 그럼 캔바라는 간단한 디자인 툴로 수익화 할 수 있는 방법은 어떤 것이 있는지 알아보도록 하겠습니다.

2. 방구석에서 재능마켓 틈새시장 공략으로 돈 벌기

캔바 수익화 1 : 블로그, 유튜브 썸네일 만들기

캔바를 배운 뒤 아주 쉽고 간단하게 시작해 볼 수 있는 것 중 하나가 썸네일 만들기입니다. 이미 캔바에 다양한 템플릿들이 있어서 색상과 글자, 이미지만 교체하여 몇 분만에 뚝딱 썸네일을 만들 수 있습니다. 비록 썸네일 시장은 경쟁이 치열하여 가격이 너무 낮게 책정되어 있지만, 디자인 초보자가 시작할 때 큰 부담없이 시작할 수 있는 분야에 해당합니다.

캔바 수익화 2 : 블로그 스킨과 카페 대문 이미지만 공략하기

블로그 스킨과 카페 대문 이미지 또는 유튜브 채널아트만 만들어주는 디자이너에 도전해 보는 것도 좋은 방법입니다. 다른 디자인은 전혀 받지 않고 오직 블로그 스킨과 카페 대문 이미지 이 두 가지만 주문받아서 일하는데에도 주문이 밀려서 매일 바쁩니다. 관련 카페를 통해서 주문받아 일하기도 하고, 크몽같은 재능마켓을 활용해서 주문을 받아 일하기도 합니다.

캔바 수익화 3 : 홈페이지형 블로그 공략하기

블로그 활동을 하는 분들을 보면 좀더 전문적으로 보이도록 하려고 네이버에서 기본적으로 제공하는 블로그 툴을 벗어나 디자인이 가미된 홈페이지형 블로그를 많이 만들려 하고 있습니다. 또는 1인 지식 창업을 하기 위해 블로그를 운영하는 분들도 상업적인 홈페이지처럼 디자인이 가미된 블로그를 만들기 원하는 분이 많습니다.

그러나 일반적인 홈페이지는 만드는 비용뿐 아니라 유지비용도 들기 때문에 개인이 만들기는 모험이 될 수도 있습니다. 하지만 홈페이지형 블로그로 만들면 유지 비용도 들지 않고, 블로그 관리도 꾸준히 하면서 마케팅 도구로 사용도 할 수 있어 아주 유익한 홍보 매체가 됩니다. 일례로 저는 이 분야를 전문으로 하고 있지 않는데도 불구하고 제 블로그 댓글에 홈페이지형 블로그를 만들어 달라는 주문이 자주 들어오는데요. 여러분이 만약 이 일을 하고 싶다면 얼마든지 일을 의뢰 받아서 할 수 있습니다.

캔바 수익화 4 : 카드뉴스, 상세페이지

카드뉴스 또는 상세페이지는 보통 한 종류로 묶어서 판매가 이루어지곤 합니다. 상세페이지는 크기에 따라 최소 100,000원부터 500,000원 정도에서 가격이 측정됩니다. 온라인이 일상화되면서 구매대행이나 스마트스토어 하는 분들이 참 많습니다. 그래서 단톡방도 엄청 많고 활동도 활발히 이루어지고 있습다. 주문을 많이 받고 일을 계속 할 수 있는 체력만 있다면 군이 재능마켓에 입점하지 않고 단톡방 활동만으로도 꾸준한 수익을 낼 수 있는 매력적인 분야에 해당합니다.

캔바 수익화 5 : 전자책 표지만 공략하기

1인 지식 창업을 하는 분들이 필수로 만드는 것 중 하나가 바로 전자책입니다. 자신이 가지고 있는 지식을 한글 파일 등으로 작성하여 판매용뿐 아니라 무료 나눔을 위한 전자책을 만들게 되는데, 무료 전자책이 큰 홍보수단이 되기 때문입니다.

이때 내용은 한글이나 다른 프로그램을 사용하더라도 표지만은 디자인 감각이 들어가서 멋지게 포장해야 하기에 따로 제작 의뢰를 많이 하곤 합니다.

캔바 수익화 6 : 영상 앨범 만들기 공략하기

영상이니까 뭔가 복잡하고 힘들 것 같아 아예 꿈도 꾸지 않는 분이 계신가요? 이제껏 캔바 수익화로 알려드린 방법 중에 제일 간편하고 쉬운 게 바로 영상 앨범 만들기입니다. 그리고 다른 분야에 비해 경쟁도 치열하지 않는 분야입니다.

캔바 수익화 7 : 프레젠테이션 만들기 공략하기

저에게 캔바 수업을 받는 수강생들에게 제일 강력하게 추천하는 분야입니다. PPT 만들기 비용은 슬라이드 한 장당 15,000~20,000원 정도인데요. 보통 한번 PPT 작업을 의뢰하면 슬라이드가 20~30장 정도 나오는 가성비가 좋은 분야이기 때문에 많이 도전할 것을 독려하고 있습니다.

다른 작업은 전혀 하지 않고 움짤 이미지만 만들어 주면서 월 300만 원씩 고정적으로 버는 분이 계십니다. 그런데 웃기는 게 일부러 다른 디자인 작업을 안 받는게 아니라 다른 분야는 잘 할줄 몰라 계속 움짤 이미지만 제작하고 계시더라고요.

이분처럼 어느 한 종류만 집중해서 파는 것도 전문적으로 보이고, 또 일도 심플해서 스트레스가 덜할 수 있습니다. 캔바에서 움짤 만드는 것 역시 엄청 간단하고 쉽습니다. 여기에 더해 상세페이지나 카드뉴스 만들 때 움짤 이미지가 들어가게 되면 단가를 더 비싸게 받을 수도 있습니다. 썸네일, 상세페이지, 카드뉴스, 블로그 스킨 등등 모두 다 움짤 이미지를 넣어 차별화해서 판매하는 것도 고소득을 올릴 수 있는 방법입니다.

이렇게 살펴보니까 캔바로 수익화 할 수 있는 방법이 참 다양하죠? 근데 "포트폴리오가 없어서 누가 나에게 주문을 하겠어??" 하고 생각하신 분 혹 계시지 않은가요? 세상에 그 어떠한 전문가도 초보자 시절이 있었습니다. 처음 이 일에 뛰어들면 당연히 초보자이니 경력자에 비해 자신을 알리는 포트폴리오도 없을 뿐더러 경쟁 상대가 되지 않는 것은 당연합니다. 이런 경우 공부한다는 마음으로 경력자에 비해 가격을 많이 저렴하게 시작을 해도 되고요. 자신을 소개하는 샘플 포트폴리오를 만들어도 됩니다.

이것도 자신 없다 싶으면 경험을 쌓는다고 생각하고 주위 블로그 이웃에게 무료로 스킨을 10개 정도 만들어 주세요. 그럼 후기도 받을 수 있고, 자신의 포트폴리오 10개도 생기게 됩니다.

이처럼 방법은 너무 많답니다. 문제는 시도조차 안해본다는 게 제일 큰 문제니까 꼭 시작해 보세요. 아무 것도 안 하면 아무 일도 안 일어나는 법입니다.

캔바 수익화 9 : 디지털 파일 판매

이력서 양식, 노트, 플래너, 달력 등등 아주 간단한 서식 양식을 만들어 전 세계인이 모여있는 플랫폼에 올려두면 필요한 사람들이 이 파일을 구매한 뒤 다운로드 받아서 사용합니다. 우리나라에선 생소한 분야라 "과연 이게 팔릴까?" 하는 의구심에 시도하지 않는 분들이 많은데요. 이미 이 분야를 잘 아는 분들은 선점하여 큰 수익을 올리고 있는 시장입니다.

디지털 파일 판매에 대한 제일 큰 시장으로는 엣시(www.etsy.com)가 있는데 저처럼 초기 입점한 사람들은 괜찮지만 현재는 엣시팔이 되지 않는 한국인 셀러들의 상점 오픈이 일시 중지된 상태입니다. 그래서 이 책을 통해 디지털 파일 만드는 법을 익힌 뒤 이와 제일 유사한 형태로 판매할 수 있는 아마존 KDP에 입점하여 판매하는 방법을 추천합니다. 엣시는 고객이 여러분의 파일을 다운로드 받아서 직접 프린트해서 사용하는 방식입니다. 하지만 아마존 KDP는 여러분이 파일을 플랫폼에 올려두는 건 똑같지만 고객이 그 파일을 사기위해 결재를 하면 아마존 KDP에서 직접 인쇄를 한뒤 고객에게 배달까지 해주는 시스템입니다. 즉, 실물 종이책이 고객에게 배달되는 겁니다. 여러분이 만든 노트, 컬러링북, 플래너 등이 진짜 인쇄물로 만들어지는 방식입니다.

현재 Zazzle에서도 엣시처럼 프린터블 디지털 파일을 판매할 수 있는 분야가 오픈되었으며, Creative Market은 입점하려면 포트폴리오가 필요하고, 진입장벽이 조금 있는 편이지만 도전해볼 만한 곳입니다. 그리고 Creative Fabrica도 디지털 파일의 보물 창고입니다.

캔바 수익화 10 : POD(Print On Demand)

우리나라 마플샵(https://marpple.shop/)에서 유통하는 방식처럼 자신이 만든 디자인이 100여 개의 상품에 인쇄되어 굿즈 상품으로 팔린다고 생각하면 됩니다. 이처럼 티셔츠를 비롯해 머그컵, 모자, 담요, 폰케이스 등 온라인 매장에서 자신의 디자인을 전 세계인에게 판매할 수 있습니다.

트래픽이 제일 큰 곳은 레드버블이 있습니다. 진입장벽도 낮고 쉽게 시작할 수 있습니다.

3. 노마드에셀 수강생들의 수익화 다양한 사례

저에게 배운 캔바라는 기술에 자신의 실행력이 더해져서 수익화에 성공하신 분들이나 개인 브랜딩하기, 또는 저처럼 강사 등등 자신이 잘하는 분야에 접목하여 활동하는 모습을 보면 너무 뿌듯함과 보람을 느낍니다.

그래서 저에게 캔바를 배워 수익화에 도전하신 분들 사례 몇 가지만 소개해 드릴테니 여러분도 캔바를 제대로 배워 N잡러 대열에 합류해 보세요.

캔바 수익화 사례 1 : 원데이 클래스 투잡

현재 유치원 선생님이신 야*님은 유치원 선생님들을 대상으로 캔바 원데이 클래스를 정기적으로 열고 계십니다.

일명 투잡을 하고 계시죠. 제 강의는 일일이 피드백 해드리고 기간도 3주~1달 정도로 강의하는데, 이분 같은 경우는 많은 수강생을 모아 하루만 강의하는 원데이 클래스로, 이제 오히려 저보다 강의 수익이 더 많답니다. 그래서 저러러 강의료 올리라고 야단도 친답니다.

캔바 수익화 사례 2 : 스톱 모션만 공략

취업 준비를 하던 엄**님은 캔바의 여러가지 많은 기능 중 스톱 모션 기능 하나만 파고 들어서 상세페이지 중 움짤 이미지만 제작해 주는 일로 월 300만 원 이상 고정수익을 내고 있습니다.

캔바 수익화 사례 3 : 취업 포트폴리오 PPT 제작

60대 후반이신 정**님은 수익화에는 관심이 전혀 없고 단지 SNS를 좀더 멋지게 꾸미고 싶어서 캔바 수업 신청을 하셨는데 현재는 취업 준비생들 취업 포트폴리오 PPT 만들어주는 일을 너무 재미있게 하고 계십니다.

캔바 수익화 사례 4 : 성장 동영상 앨범에서 스튜디오까지

아이 둘 키우면서 캔바 수업을 들었던 박**님은 과제 제출도 거의 못하고, 아이들 때문에 줌 강의도 제대로 참석 못해서 재수강을 두 번이나 했었는데요. 지금은 완전 어엿한 사장님이십니다. 뭘

로 사장님이 되셨냐면요~

캔바 PPT를 이용해서 남아용, 여아용 딱 2종류만 성장 앨범 포트폴리오를 만든 뒤 이 분야만 특화해서 동영상 앨범을 만들어주는 일을 했습니다. 이분은 이제껏 집에서만 주문 제작 했었는데 이제 코로나가 좀 풀리면서 남편과 함께 조그만 스튜디오까지 겸해서 오프라인까지 확장하게 되었습니다.

캔바 수익화 사례 5 : 전자책 표지 제작

현재 수학 강사이신 지*님은 캔바 심화과정 전자책 만들기 과제를 포트폴리오 삼아 크몽에 전자책 표지 디자인 전문가로 신청하여 바로 승인받아 활동하고 있을 뿐 아니라 NFT 작가, 캔바 온라인 강사, 프리랜서 등 진정한 N잡러이십니다.

캔바 수익화 사례 6 : 캔바 강의

강사반을 운영하며 많은 강사들을 배출함에 따라 이 분야에서 활동하고 계신 분들이 정말 많습니다.

몇 분만 예를 들자면 여러 군데 대학교에 강의나가는 분도 있으시고, 400~500명 커뮤니티에 속해 강의하는 분 등 대부분 활발한 활동을 하고 있습니다. 특히 김**님은 캔바를 익힌 후 엄청난 대형 디지털 대학에서 매달 몇 백 명씩이나 수강 신청하는 캔바 대형 강사가 되셨고요. 캔**님도 역시 이곳에서 인정받는 캔바 강사로 활동 중이십니다.

캔바 수익화 사례 7 : 로고와 심볼 디자인

수업 중 디자인 실력과 아이디어가 참 좋았던 김**님은 로고와 심볼 디자인으로 벌써 외주 일을 받아서 실제로 디자인한 제품이 출시되었습니다. 현재는 재능마켓에서 프리랜서로 활동 중이십니다.

캔바 수익화 사례 8 : 온라인 강의 플랫폼에 입성

캔바로 강의 영상을 직접 제작하고 만들어서 온라인 강의 플랫폼에 많은 강사들이 대거 입점하여 있습니다. 깅의 VOD는 맨 처음 만들 때 좀 고생을 하지만 한번 만들어 두면 잠을 자는 동안에도 수익이 매달 꼬박꼬박 들어오는 멋진 파이프라인입니다.

요즘은 강의 플랫폼이 많기 때문에 똑같은 강의 VOD를 여러군데 계약해서 올리면 수입도 배가 되는 경험을 할 수 있습니다. 각각의 플랫폼마다 색깔이 다르고 대상도 다르기 때문에 맨 처음 강의를 올릴 때 귀찮은 과정만 잘 견딘다면 든든하고 탄탄한 수익화 파이프라인을 가지게 되는 겁니다.

캔바 수익화 사례 9 : 재능마켓 입점

캔바를 배운 뒤 다양한 재능마켓에 PPT, 카드뉴스, 전자책, 상세페이지 만들기 등 프리랜서로 활동하고 있습니다.

다양한 사례들을 설명해 보았는데 이러한 캔바 수익화 사례의 공통점이 보이시나요? 바로 타겟팅이 정확하고 자신이 잘할 수 있는 한 분야만을 특화시킨 점입니다. 이와 같이 캔바로 할 수 있는 분야는 무궁무진합니다. 모든 분야를 완벽히 다 익힌 뒤 '뭔가를 해볼거야!!'가 아닌 틈새시장 분야를 잘 공략한 케이스만 몇 가지 뽑아본 겁니다.

위 사례는 모두 평범한 가정주부이자 경력단절 엄마들이 도전하여 이루어낸 결과물이고요. 60~70대 할머니가 손주 키우면서 이 수업을 듣고 이제는 완전 최고참으로 후배들을 도와주고 계시기도 합니다. 손주를 돌보느라 컴퓨터를 켤 수 없어 핸드폰으로 캔바 과제를 다 하셨다는 걸 뒤늦게 알고는 어찌나 놀랐던지 고개가 절로 숙여졌습니다.

이처럼 누구나 캔바를 배워 온라인 수익화에 도전할 수 있습니다. 이걸로 끝이 아닙니다. 국제적 툴인 캔바 특성으로 인해 국내가 아닌 세계 시장까지 그 영역을 펼쳐나갈 수도 있습니다.

캔바 수익화 사례 10 : 디지털 파일 셀러, POD(레드버블)

레드버블이나 Society6, Zazzle 같은 POD 온라인 플랫폼에 자신의 매장을 열어 디지털 파일이나 디지털 아트 같은 작품을 업로드하여 판매할 수 있습니다.

무자본

무재고

무배송

이처럼 캔바를 이용하면 우리나라뿐 아니라 전 세계 179개국 사용자들에게 여러분의 콘텐츠를 팔 수 있는 가게를 오픈하여 캔바에서 만든 작품을 판매할 수 있습니다. 완전 무자본, 무재고, 무배송으로요.

4. 방구석에서 디자인으로 달러 벌기

여러분이 만든 작품을 판매할 수 있는 방법 중 하나는 바로 POD 플랫폼에 입점하는 겁니다. 전 세계에는 다양한 POD 플랫폼이 있으므로 하나의 작품을 여러 군데 동시에 올리는 것도 가능합니다. 이 책에서는 그중 트래픽도 많고 인기 있는 POD 온라인 플랫폼을 소개해 드릴 테니 적어도 3개 정도는 가입하여 여러분의 디자인을 오픈해 보기 바랍니다.

POD란 Print On Demand의 줄임말로, 판매자 즉 디자이너는 POD 업체를 선정해서 디자인을 등록합니다. 그러면 고객이 플랫폼에 들어와서 내 디자인이 마음에 들면 주문을 하게 됩니다. 레드버블(https://www.redbubble.com/)이라든지 서사이트6(https://www.society6.com/) 같은 POD 업체는 주문받은 제품을 만든 후에 고객에게 배송까지 하는 시스템을 갖추고 있습니다. 이와 같은 POD 업체는 전 세계에 여러 개가 있기 때문에 디자인 하나를 여러 군데 업로드할 수 있습니다. 디자이너 또는 제작자는 디자인만 업로드하면 끝이기 때문에 진정한 패시브 인컴*이라고 할 수 있습니다. 무자본으로 시작해서 재고와 배송 부담까지 전혀 없고요. 당연히 고객 서비스도 걱정할 필요 없습니다.

---

* 패시브 인컴(Passive Income, 수동적인 소득) : 수입을 얻는 데 최소한의 노동력만 필요로 하는 것으로, 소극적으로 참여 만 해도 수익이 발생한다는 의미. 패시브 인컴의 또다른 예로는 주식 배당금, 저축 예금 이자 등이 있다.

만약 내가 직접 디자인해서 사이즈별 색상별 계절별로 티셔츠를 판매한다고 하면 일일이 그런 다양한 티셔츠를 제작한 다음에, 디자인 프린팅까지 마치는데 정말 많은 발품을 팔고 시간과 돈이 들어갈 것입니다. 제작 비용뿐 아니라 많은 양의 티셔츠 재고를 보관하려면 공간도 필요하겠죠? 그러다 보니 재고를 쌓아 둬야 할 창고와 사무실 임대료도 필요합니다. 그리고 스마트스토어 같은 쇼핑몰에 판매를 위해 오픈한다고 하면 실제 티셔츠 입은 모델을 고용해야 하고, 예쁜 스튜디오도 대여해서 사진도 멋지게 찍어야 하고, 막상 주문이 들어오게 되면 포장하고 배송까지 신경 써야 합니다.

뿐만 아니라 고객에게 문의가 들어오면 일일이 응대도 해야 합니다. 그런데 이런 POD 플랫폼을 이용하면 여러분이 작업한 이미지 한 장만 업로드하면 끝입니다.
회원 가입만 하면 무료로 나의 샵을 개설할 수 있고, 상세페이지를 따로 만들 필요도 없습니다. 주문이 들어오면 POD 플랫폼 업체에서 알아서 제작하고, 배송하고, 고객관리까지 다 해줍니다. 물건을 팔아야 하는 셀러 입장에서는 완전 편할 수밖에 없습니다. 마진율도 직접 책정할 수 있고, 가격도 직접 조절할 수 있습니다. 하지만 장점만 있는 건 아니겠죠? 이렇게 간단하게 샵을 오픈할 수 있기 때문에 경쟁률도 심하고, 좀더 좋은 디자인을 만들기 위해 남보다 더 많은 노력과 공부를 해야 합니다.

이 분야로 진출하려는 분께 꼭 하고 싶은 말은 POD뿐 아니라 유튜브, 블로그를 비롯한 온라인으로 사업을 하겠다고 마음을 먹은 사람들은 일단 목표한 결과를 얻기 위한 최소한의 목표치를 꼭 채우기 바랍니다. 겨우 작품 두세 개 또는 10개만 올려놓고는 판매가 된다 안된다를 논한다는 건 너무 경솔한 행동이겠죠! 이 세계에서는 포기하지 않는 게 바로 살아남는 길이고 성공하는 길입니다. 이 분야는 임계량이 찰 때까지 인내하면서 꾸준히 할 수만 있다면 이미 성공한 거나 다름 없습니다.

POD 서비스를 하는 플랫폼은 세 가지로 분류할 수 있습니다.
- 첫째, 디지털 파일 자체만 판매하는 플랫폼으로 크리에이티브 마켓(https://creativemarket.com/)이나 셔터스톡(https://www.shutterstock.com/) 같은 곳이 있습니다.
- 둘째, 디지털 파일 판매도 하면서 POD 서비스도 같이 하는 플랫폼으로 엣시(https://www.etsy.com/)와 재즐(http://jazzle.co.kr/) 같은 곳이 있습니다.
- 셋째, 디자인을 업로드해서 제품으로 만들어 판매하는 플랫폼으로 진정한 의미의 POD 플랫폼인 레드버블(https://www.redbubble.com/), 티퍼블릭(https://www.teepublic.com/), 티스프링(https://teespring.com/), 프린트풀(https://www.printful.com/), 프린티파이(https://printify.com/) 등이 있습니다.

POD 셀러가 되기 위한 준비를 어떻게 하면 되는지 알아보도록 하겠습니다.

- 첫째 다양한 POD 플랫폼 중에서 자신과 잘 맞는 곳 2~3개 정도를 선택해서 회원 가입하여 셀러 등록을 합니다
- 둘째, 집에서 달러 수익을 얻고자 한다면 페이팔 계정 하나 정도는 필수로 갖고 있어야 합니다. 그래서 결제 양식은 페이팔이나 페이오니아에 가입해서 연동을 하면 됩니다

디지털 파일이나 POD 플랫폼 중 트래픽이 높은 순서는 엣시가 압도적으로 많고, 그 다음이 레드버블입니다. 몇 년 전만 해도 디지털 파일 판매 쪽으로는 엣시붐이 엄청 불었고, 우리나라에 다양한 정보들을 제공하는 유튜브 들도 많이 있었습니다. 하지만 작년 4월부터 한국에서는 엣시샵을 오픈하지 못합니다. 언제 다시 한국에서 엣시샵을 오픈할 수 있을지는 미지수입니다. 엣시를 제외한 트래픽 순서는 레드버블 다음으로 재즐, 티퍼블릭 이런 순으로 나가고 있는 상태입니다.

레드버블은 2006년 호주에서 만들어진 POD 플랫폼입니다. 우리나라의 마플샵이나 위드굿즈 (https://withgoods.net/)의 해외 버전이라고 보면 되고요. 이메일만 있으면 아티스트로 회원 가입을 간단하게 할 수 있고 바로 내 쇼핑몰이 개설됩니다. 이후에는 내가 그린 캐릭터, 사진, 그림 등등 관계없이 작품 이미지 한 장만 업로드하면 됩니다. 그러면 알아서 목업 이미지도 자동으로 만들어 줍니다.

만약 목업 이미지 결과가 마음에 안 들면 이미지 크기나 위치를 편집해서 조절할 수도 있으며, 원하지 않는 제품은 판매 목록에서 제외시킬 수도 있습니다.

우리나라의 마플샵이나 위드굿즈는 제품을 올릴 때 심사를 받아야 합니다. 그래서 합격한 것만 올릴 수 있는데 레드버블은 심사를 하지 않습니다. 그래서 전 세계 누구에게나 기회가 다 열려있다고 볼 수 있습니다. 엣시는 리스팅 할 때 조금의 비용이 들어가지만 레드버블은 리스팅 비용도 전혀 들지 않기 때문에 아무리 많은 작품을 올려도 부담 없이 올릴 수 있습니다.

그야말로 자본금 하나도 없이 내 온라인 쇼핑몰을 개설할 수가 있는 거죠. 그래서 판매가 되면 디자인 수수료를 징산받는데 페이팔 계정 하나만 연결시키면 끝이 납니다. 레드버블 이외에도 재즐, Society6, 티퍼블릭, 티스프링 등등 디지털 파일이나 POD를 전 세계인에게 판매할 수 있는 플랫폼이 다양하게 있습니다.

엣시를 제외하면 트래픽이 가장 많이 몰리는 곳이 레드버블이지만, 트래픽이 많이 몰리는 곳이 무조건 좋은 건 아닙니다.

트래픽이 많이 몰릴수록 그만큼 셀러들 간의 경쟁도 치열하다는 뜻이거든요. 그래서 한 군데 플

랫폼만 사용하는 게 아니라 여러 플랫폼을 같이 사용해보면서 자신에게 가장 잘 맞는 플랫폼은 계속 키워나가고 또는 사용해보다가 사용이 불편하거나 활성화가 잘 안 되는 곳은 차츰 줄이면서 몇 군데에만 집중해서 운영해 보는 것이 현명한 방법입니다. 그냥 캔바를 배워두면 뭔가 되겠지 하는 생각이 아니라 전 세계인을 대상으로 사업을 한다는 마인드를 가지고, 나만의 샵을 오픈한다는 희망을 가지고 도전해 보기 바랍니다.

앞으로 여러분 가족이나 친척, 또는 부모님이나 이웃 사람이 "당신은 하는 일이 뭡니까?" 라고 물어보면 뭐라고 대답해야 될지 몰라 우물우물 거리지 마시고 "온라인 매장 세개 가지고 있는 디자이너입니다. 또는 온라인으로 디지털 아트를 제작하고 판매하는 사람입니다." 이렇게 당당히 대답하기 바랍니다. 명함도 직접 만들어 보고요.

그래서 온라인에 매장 세 개 이상을 가지고 있는 사장님들이 되시길 바랍니다.

5. 나의 디자인을 팔 수 있는 다양한 재능마켓 시장

캔바로 어떤 수익화에 도전할수 있는지 간략하게 살펴 보았는데요. 그러면 창업이 아닌 캔바를 배운 뒤 남에게 일을 의뢰받아서 일을 하고 싶을 때는 뭐부터 시작해야 할까요?
제일 좋은 방법은 블로그로 자신을 브랜딩 시키면서 자신을 믿고 신뢰하는 이웃들을 늘려나가거나, 크몽 같은 재능마켓에 전문가 등록을 한다거나, 좀더 진취적일 경우 아예 자신만의 결재 시스템을 갖춘 웹사이트를 만들어 고객을 유입시킬 수도 있습니다.
하지만 대부분 아직 블로그를 키우지도 않았고, 웹사이트 만드는 법도 배워야 하는 등 여러가지 불편한 진실 앞에 쉽게 엄두를 못낼 수 있습니다. 이럴 때 손쉽게 접근하는 방법을 살펴보기로 합니다.

오픈톡방과 카페
접근성이 제일 좋은 방법은 단톡방과 카페를 이용하는 겁니다. 자신이 판매하려는 품목과 관련된 카페 1~2개 정도에 가입해서 정기적인 활동을 할 것을 추천 드립니다. 카페보다 더 접근성이 좋은 것이 오픈톡방입니다. 요즘은 주제별 단톡방 활동이 아주 활발합니다.

예를 들어 자신이 상세페이지를 만들어 판매하고 싶다면 스마트 스토어나 구매대행 같은 오픈톡방에 들어가서 상세페이지 쉽게 만드는 법으로 몇 번만 설명 멘트를 남겨도 많은 사람들로부터 감사 인사와 신뢰를 받게 됩니다.
상세페이지 제작을 의뢰하고 싶은 분들은 불특정 다수가 있는 크몽 같은 곳을 이용하는 데 있어

불안감과 걱정이 많습니다. 혹시나 사기를 당하지나 않을까? 품질이 떨어지면 어떻게 하지? 등등. 그래서 자신들이 교류하는 톡방에서 누군가로부터 상세페이지에 대한 정보와 도움을 받게 되면 그냥 그 사람에게 작업 의뢰를 맡겨버리는 경우가 많습니다.

재능 프리랜서 마켓

디지털이 일상화되면서 자신만이 가지고 있는 재능을 판매할 수 있는 길이 많이 열려있는 상태입니다. 특히 코로나로 인한 비대면으로 활동하는 것이 익숙한 사회 분위기는 이런 온라인 상의 재능마켓 규모를 더 커지도록 만들었습니다. 1인 창업을 원하는 프리랜서들이 자신만의 블로그나 인스타, 페이스북 같은 공간이 있다면 최고의 광고 매체가 될 수 있습니다.

하지만 아직 구축해 둔 SNS 공간이 없다면 어떻게 하면 될까요? 그럴땐 이미 많은 고객이 모이는 플랫폼에 입점하는 방법이 있습니다.

예를들어 옷을 판매하는 사람이 쿠팡이나 지마켓 같은 커다란 플랫폼에 입점해서 옷이나 물건을 팔 듯, 여러분도 재능을 팔 수 있는 큰 사이트에 입점을 하는 겁니다. 유명한 재능마켓 플랫폼에 가입해서 자신이 팔 수 있는 재능을 그곳에 올리면 됩니다.

이러한 방식의 가장 큰 장점은 오프라인으로 직접 만나서 의뢰받을 필요없이, 집에서 재택 작업으로 가능하다는 것입니다.

여기에서는 여러 가지 재능마켓 중 제일 활발한 곳 두 곳을 비교해 드릴테니, 살펴보신 후 이왕이면 두 곳 모두 도전해 보는 것을 추천합니다. 그 두 곳은 너무나 잘 알려진 프리랜서 마켓인 크몽과 숨고입니다.

이외에도 여러 군데가 있지만 이 두 곳이 전환률도 좋고 거래가 활발히 이루어지고 있는 곳입니다.

재능 프리랜서 마켓 : 크몽

우리나라 재능마켓 중 가장 규모가 크고 활동이 활발한 곳으로, 디자인이나 한글 워드및 엑셀 또는 PPT 디자인 등의 작업을 필요로 하는 소비자들이 많이 찾는 플랫폼입니다. 이곳에 디자인이라는 재능을 판매하기 위해서는 먼저 전문가 등록을 해야 합니다.

크몽은 프리랜서들이 활동을 많이 하고 있는데, 요즘은 직장인들도 투잡으로 많이 뛰어들고 있는 상태입니다.

크몽에는 종목을 한 가지만 올리는 게 아니라 여러 가지를 등록해도 됩니다. 예를 들면 '썸네일, 상세페이지 만들어 드립니다.' 라는 서비스를 올리고, 추가로 'PPT 멋지게 제작해 드립니다' 또는 '로고 제작해 드립니다.' 등등 캔바로 여러분이 만들 수 있는 분야에 관한 서비스를 다 올려도 됩니다. 특히 전자책 같은 경우는 한 번만 만들어 올려두면 지속적인 수입이 생기기도 합니다.

크몽에서 여러분이 팔 수 있는 재능은 다 활용해 보기 바랍니다. 일단 판매가 이루어지면 플랫폼을 제공하는 대가로 판매된 수익금에 대해 일정 금액의 수수료를 제하고 나머지 금액을 받게 됩니다.

수수료는 50만원 이하로 재능 판매가 될 경우 20%입니다. 금액이 높아질수록 수수료는 12%, 6% 이렇게 작아지는데, 대부분 50만 원 이하에서 가격이 측정되므로 보통 20%의 수수료를 크몽에 지불한다고 생각하면 됩니다.

재능 마켓 : 숨고(숨은고수)

숨고는 '숨은 고수' 라는 뜻으로, 의뢰자와 전국에 숨어있는 전문가들을 매칭해 주는 사이트입니다. 코로나 이전에는 주로 지역 기반으로 만나서 필요로 하는 재능을 팔았습니다. 그래서 서울이나 부산, 제주도 등 자신이 살고 있는 지역에서 의뢰자와 만나 레슨이나 과외 또는 기술을 제공하였습니다.

하지만 요즘은 레슨 같은 경우도 인터넷을 통한 원격 강의 앱인 줌(Zoom)으로 많이 수강을 하고 있습니다. 저도 숨고에 디자인을 가르치는 레슨을 올릴 때 부산 경남 지역을 선택하지 않고 전국을 선택했더니 전국적으로 의뢰가 옵니다.

숨고는 크몽보다는 지역 기반이 좀 강한 사이트로 영어, 수학 과외나 기타, 피아노, 캘리그라피, 포토샵 등등의 각종 레슨을 할 수도 있으며 특히 청소, 도배, 타일처럼 실생활에 관련된 고수도 많이 찾고 있습니다. 물론 크몽처럼 썸네일이나 로고 등의 디자인 의뢰도 당연히 주고받을 수 있고요.

숨고를 사용하는 법은 요청자가 의뢰서를 작성하면 숨고에 등록되어 있는 고수들에게 요청서가 전달됩니다. 그러면 관련된 고수들이 자신의 견적서를 숨고에 보내게 되고, 요청자가 견적서를 받아본 다음에 자신과 맞는 전문가를 선택해서 거래를 하는 시스템입니다.

숨고의 장점은 크몽처럼 수수료를 내지 않아도 됩니다. 대신 고객의 요청이 들어오면 견적서를 보내야 하는데 이때 캐시를 충천해서 견적서를 보낼 때마다 캐시가 차감됩니다. 견적서 요청은 하루에도 엄청나게 많이 옵니다. 그래서 잘만하면 기회를 많이 얻을 수 있습니다.

초보자가 기회를 얻는 방법은 맨 처음엔 견적을 좀 저렴하게 해서 일을 성사시켜서 후기도 받고, 실력도 향상시킨 후에 견적을 점점 올리면서 자신의 몸값을 올리면 됩니다. 숨고는 자신이 선택한 분야에 관련된 의뢰서는 상위 노출과 관련없이 무조건 다 받을 수 있는 시스템입니다. 이런 방식이 장점이면서도 단점인게 그냥 궁금해서 견적서를 받을려는 사람들도 많아서 하루에 너무 많은 견적서들이 와서 피로도기 클 수도 있습니다. 하지만 몇 번 하다보면 자신과 결이 맞겠다 싶은 견적을 고를 수 있는 눈이 생기니까 너무 걱정 안하셔도 됩니다. 그리고 연락도 카톡으로만 주고받아서 큰 부담 없으니 일단 시작해 보면 재미있게 할 수 있으리라 생각합니다.

이외에도 다른 많은 재능마켓이 있지만 활동이 미미하거나, 거래가 제대로 성사되지 않는 곳도 많습니다. 그래서 처음 하는 분들은 일단 두 곳을 먼저 접근해보는 것을 추천합니다.

02 : 온라인 부업왕 만들어 줄 캔바 알아보기

1. 캔바 가입하고 시작하기

❶ 브라우저에서 '캔바'를 검색해서 들어가면 아래와 같은 창이 나타납니다. [무료로 가입하기]를 클릭합니다.

❷ 이용 약관이 나오면 모두 동의한 뒤 [동의 및 계속]을 누릅니다.

❸ 복잡하게 회원 가입하는 과정없이 자신이 편한 방법을 선택하여 로그인 방법을 선택하면 됩니다.

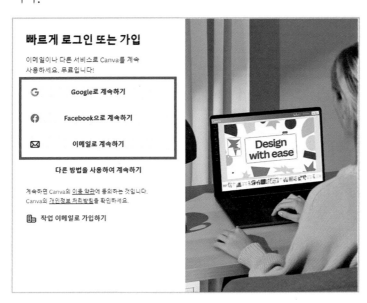

2. 캔바 무료로 사용할까? 유료 사용할 필요 있을까?

캔바의 요금제는 무료와 유료의 두 종류가 있습니다. 개인 SNS를 관리하고 썸네일 만드는 정도로 캔바를 사용한다면 무료로도 충분히 사용할 수 있습니다. 무료지만 템플릿 개수가 25만 개 이상이나 있으며, 무료 사진과 그래픽 이미지가 1백만 개 이상되는 어마어마한 양이 들어가 있기 때문입니다.

그러나 캔바를 이용하여 수익화를 추구하려 한다면 유료 결제를 하는 것도 좋은 방법입니다. 따라서 처음에는 무료로 사용하다가 유료로 전환할 필요가 있을 때 전환하는 것을 권합니다.

무료와 캔바 Pro의 큰 차이점
- 템플릿과 이미지의 개수가 무료와는 비교가 안될만큼 압도적으로 많습니다.
- 무료는 배경 제거 기능이 제공되지 않습니다. 하지만 Remove BG라는 무료 프로그램을 사용하면 클릭 한 번만으로 간단하게 배경 제거를 한 다음에 캔바로 불러올 수 있습니다.
- 유료에서는 이미 디자인한 판형 크기를 조정할 수 있습니다.
- 유료는 폴더 생성 기능이 있어서 작업한 내용들이 점점 많아지면 파일 관리하기를 손쉽게 할 수 있습니다.
- 자신이 원하는 서체를 직접 업로드 할 수 있습니다.

캔바 Pro와 단체용의 큰 차이점

기능은 거의 같습니다. 하지만 단체용으로 신청하면 하나의 계정으로 5명이 동시에 사용할 수 있습니다. 그리 큰 비용 차이도 발생하지 않으므로 여러 사람이 팀을 구축하여 이용하는 경우 유용합니다.

유료 버전인 Canva Pro는 30일간 무료로 사용할 수 있는 서비스를 제공하고 있으니 유료 전환을 고민하는 경우 충분히 활용해 본 뒤 유료 전환을 결정하면 됩니다.

3. 없는 게 없는 캔바 템플릿 고르기

캔바는 PC 작업뿐 아니라 핸드폰으로도 손쉽게 작업해서 바로 인스타그램이나 자신의 SNS에 연동시킬 수 있습니다. 가입이 완료되어 로그인하면 아래와 같은 화면이 나타납니다. 작업을 시작하기 위해서는 판형, 즉 스케치북 역할을 하는 작업창이 필요합니다. 아무 것도 없는 빈 페이지를 가져올 수도 있지만 캔바에 이미 멋지게 만들어져 있는 템플릿을 가져오면 좀더 편하게 작업을 할 수 있습니다.

원하는 템플릿을 찾아 작업을 시작하려면 여러 가지 방법이 있습니다.

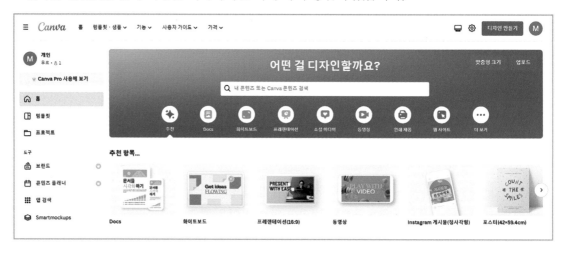

템플릿 종류별 검색하기

캔바에는 저작권 걱정없이 사용할 수 있는 다양한 템플릿이 제공됩니다. 따라서 여러분은 디자이너들에 의해 완성되어 있는 헤아릴 수 없이 많은 디자인 템플릿을 불러와 원하는 문구와 이미지로 교체해 주기만 하면 됩니다.

캔바 홈 상단의 추천 디자인 기능에서 인기있는 디자인들을 먼저 보여주며, 원하는 분야를 클릭해서 작업을 시작하면 됩니다.

템플릿 주제별 검색

홈화면 파란 박스 안에 있는 여러 분야 중 만들고자 하는 분야를 선택한 다음, 다양한 관련 템플 릿 중 하나를 선택해서 작업을 시작합니다.

템플릿 사이즈별 검색

우측상단의 [디자인 만들기]를 클릭하면 사이즈를 지정할 수 있는 메뉴가 나타납니다. 이곳에서 자신이 작업하고자 하는 사이즈를 선택할 수 있습니다.

프레젠테이션 작업을 할 때에만 이 판형을 선택하는 것이 아니라, 가로로 긴 직사각형 크기의 작업을 하고 싶으면 [16:9 프레젠테이션]을 선택한 뒤 작업하면 됩니다.

인스타그램 게시물을 만들고 싶을 때에만 [인스타그램 게시물]을 선택하는 것이 아니라, 정사각형 크기의 작업을 하고 싶으면 항상 이 크기를 선택하면 됩니다.

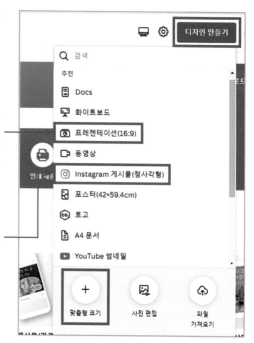

내가 원하는 사이즈가 없다면?

원하는 사이즈가 없는 경우 위 화면 하단의 [맞춤형 크기]를 클릭하여 나타난 창에서 원하는 크기를 지정할 수 있습니다.

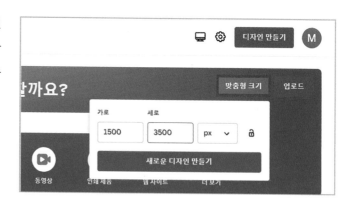

내 컴퓨터에 있는 문서 파일이나 사진, 동영상, PDF 등의 파일들도 [업로드]를 눌러 캔바로 가져오면 캔바에서 똑똑하게 알아서 지정 가능한 형식으로 100% 변환해 줍니다.

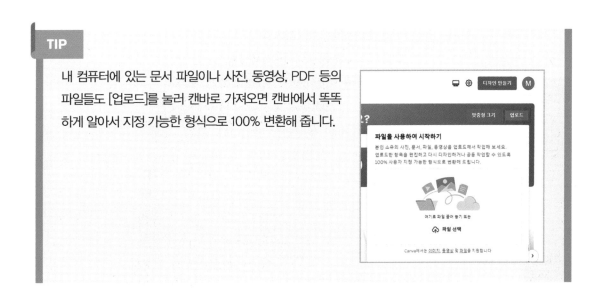

4. 캔바 기본 메뉴 사용법

다음은 [디자인 만들기]-[프레젠테이션(16:9)]를 선택하여 나타난 프레젠테이션 사이즈 작업 화면입니다.

❶ 작업할 수 있는 작업창, 즉 스케치북 역할을 하는 곳

❷ 원하는 템플릿을 검색해서 찾기

❸ 자주 사용하는 키워드들이 정리되어 있어 선택하면 해당 템플릿 이미지들이 나타납니다.

❹ 템플릿 이미지 중 하나를 선택하면 작업창에 불려와 집니다.

❺ **기능선택툴** : 캔바의 기능들이 보여집니다.

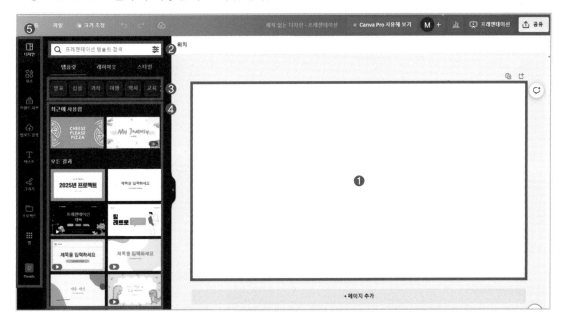

기능선택툴 살펴보기

① 디자인 : 크리에이터들에 의해 이미 만들어져 있는 템플릿들이 있습니다. 원하는 주제 키워드로 검색한 뒤 선택하여 편집할 수 있습니다.

② 요소 : 캔바의 보물창고가 다 들어있는 곳입니다. 사진, 그래픽, 동영상, 도형, 선, 프레임, 오디오, 차트, 표 등 작품을 만들 때 필요한 요소들은 이곳에서 찾아서 사용할 수 있습니다.

③ 브랜드 허브 : 유료 사용자만 사용 가능합니다. 자주 사용하는 글꼴, 색상, 로고를 한 번 설정으로 자동화하여 자신의 브랜드로 세팅할 수 있습니다.

④ 업로드 항목 : 내가 가지고 있는 이미지나 사진, 동영상을 캔바로 업로드해서 사용할 때 이곳에서 가져올 수 있습니다.

⑤ 텍스트 : 이미 캔바 자체에서 다양하게 만들어둔 글꼴 조합을 가져와서 그대로 사용해도 되며, 자신이 직접 서체와 색상, 크기를 바꿔서 사용할 수도 있습니다.

⑥ 그리기 : 펜, 마커, 등의 그리기 도구가 들어있습니다.

⑦ 프로젝트 : 캔바에서 작업한 디자인이나, 사용한 이미지와 폴더를 작업창에 가져오고 싶을 때 여기서 찾아서 가져올 수 있습니다.

⑧ 앱 : 기능선택 툴을 다 꺼내놓지 않고, [앱] 속에 있는 기능들을 꺼내어 사용할 수 있습니다. 만약 자신의 컴퓨터에 사용하려고 하는 기능 툴이 보이지 않는 게 있다면 [앱] 안에 숨어 있으니까 이곳에서 찾아서 사용하면 됩니다.

⑨ 배경 : 이곳에서 사진과 패턴 등을 선택해서 클릭하면 작업창에 바로 배경으로 세팅됩니다.

기능선택툴 메뉴가 여러분의 화면과 다르다면 맨 아래 [앱] 속에 다 숨어있는 것입니다. [앱] 속으로 들어가서 검색하여 클릭하면 해당 앱들이 좌측 기능선택툴 메뉴에 나타납니다. 그 중 자주 사용하는 앱들을 살펴보면 다음과 같습니다.

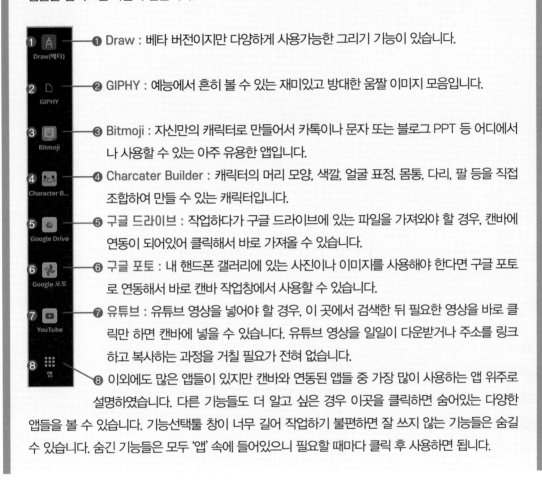

❶ Draw : 베타 버전이지만 다양하게 사용가능한 그리기 기능이 있습니다.

❷ GIPHY : 예능에서 흔히 볼 수 있는 재미있고 방대한 움짤 이미지 모음입니다.

❸ Bitmoji : 자신만의 캐릭터로 만들어서 카톡이나 문자 또는 블로그 PPT 등 어디에서나 사용할 수 있는 아주 유용한 앱입니다.

❹ Charcater Builder : 캐릭터의 머리 모양, 색깔, 얼굴 표정, 몸통, 다리, 팔 등을 직접 조합하여 만들 수 있는 캐릭터입니다.

❺ 구글 드라이브 : 작업하다가 구글 드라이브에 있는 파일을 가져와야 할 경우, 캔바에 연동이 되어있어 클릭해서 바로 가져올 수 있습니다.

❻ 구글 포토 : 내 핸드폰 갤러리에 있는 사진이나 이미지를 사용해야 한다면 구글 포토로 연동해서 바로 캔바 작업창에서 사용할 수 있습니다.

❼ 유튜브 : 유튜브 영상을 넣어야 할 경우, 이 곳에서 검색한 뒤 필요한 영상을 바로 클릭만 하면 캔바에 넣을 수 있습니다. 유튜브 영상을 일일이 다운받거나 주소를 링크하고 복사하는 과정을 거칠 필요가 전혀 없습니다.

❽ 이외에도 많은 앱들이 있지만 캔바와 연동된 앱들 중 가장 많이 사용하는 앱 위주로 설명하였습니다. 다른 기능들도 더 알고 싶은 경우 이곳을 클릭하면 숨어있는 다양한 앱들을 볼 수 있습니다. 기능선택툴 창이 너무 길어 작업하기 불편하면 잘 쓰지 않는 기능들은 숨길 수 있습니다. 숨긴 기능들은 모두 '앱' 속에 들어있으니 필요할 때마다 클릭 후 사용하면 됩니다.

스케치북 작업창 살펴보기

작업창에서 [+페이지 추가]를 눌러 한 페이지를 더 만들면 다음과 같은 화면이 나타납니다.

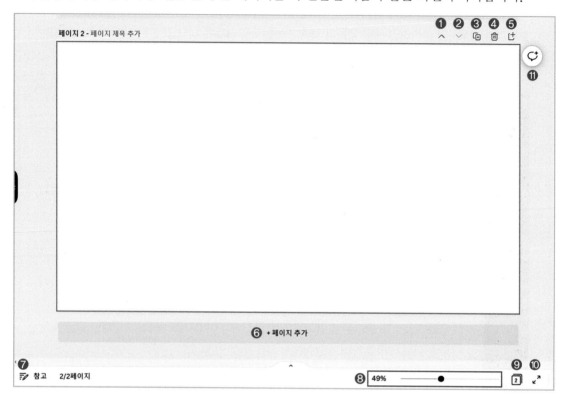

❶ 작업창 페이지를 위 페이지로 올립니다.

❷ 작업창 페이지를 아래 페이지로 내립니다.

❸ 현재 작업하고 있는 페이지를 그대로 복사합니다.

❹ 현재 페이지를 삭제합니다.

❺ 비어있는 새 페이지를 추가합니다.

❻ ❺번과 똑같은 기능으로 새 페이지가 추가됩니다.

❼ 프레젠테이션할 때 발표할 원고를 적어두는 곳입니다. 그래서 청중이 보는 창은 슬라이드만 보이도록 하고, 발표자는 여기에 써둔 원고를 읽으면 됩니다.

❽ 작업창을 확대, 축소할 수 있습니다.

❾ 페이지가 많을 때 한꺼번에 전체 페이지가 보이도록 해줍니다.

❿ 작업창 전체보기 기능입니다.

⓫ 댓글을 남기거나 메모할 수 있는 기능입니다. 팀원들 간 협업 작업할 때 유용하며, 저같은 경우는 이미지 찾을 때 사용한 키워드나 복잡한 작업 과정을 메모해두는 용도로 사용하고 있습니다.

작업 효율을 높이는 캔바 단축키 모음

본격적으로 작품을 만들기에 앞서 반드시 단축키로 작업하는 습관을 들이는 것이 좋습니다. 단축키는 작업 시간을 엄청나게 줄여줄 뿐 아니라 여러분의 손목 보호에도 큰 영향을 미칩니다. 일일이 툴바를 찾아가서 작업하는 것보다 단축키로 작업하면 매우 편합니다.

❶ 복제 : Ctrl + D

❷ 복사 후 붙이기 : Ctrl + C , Ctrl + V

❸ 확대 : Ctrl + +

❹ 축소 : Ctrl + −

❺ 눈금자 표시 : Shift + R (Ruler), Shift + Alt + R

❻ 가이드 표시 : Ctrl + ;

❼ 텍스트(글자쓰기) : T (Text) 또는 Alt + T

❽ 선(라인) : L (Line) 또는 Alt + L

❾ 직사각형 : R (Rectangle) 또는 Alt + R

❿ 동그라미 : C (Circle) 또는 Alt + C

⓫ 전체선택 : Ctrl + A

⓬ 작업취소(이전으로 돌아가기) : Ctrl + Z

⓭ 매직 단축키 : 키보드에서 / (슬래시)를 하면 작업창에 다음과 같은 매직 툴이 나옵니다. 만약 단축키가 안 듣는다면 Alt + / (슬래시)를 누르면 됩니다. 그러면 작업창 왼쪽에 있는 기능선택툴바에 가지 않고 바로 작업창에서 도표나 텍스트, 도형 등의 작업을 할 수 있습니다.

5. 내 작업 잘 분류하고 찾는 법

작업한 게 별로 없는 경우에는 금방 자신의 작품을 찾을 수 있지만 앞으로 작품이 차곡차곡 쌓이게 되면 다음 작품을 만드는 시간보다 이전에 했던 작품을 찾기 위해 많은 시간을 허비하는 경우가 허다합니다.

그래서 처음엔 좀 귀찮을 수 있지만 작품 분류하는 법을 제대로 익혀서 사용하면 훨씬 시간을 절약할 수 있습니다. 캔바 홈 화면 맨 왼쪽에 [프로젝트]를 클릭합니다. 이전에 한 작품을 찾고 싶을 때 이곳에서 찾으면 됩니다.

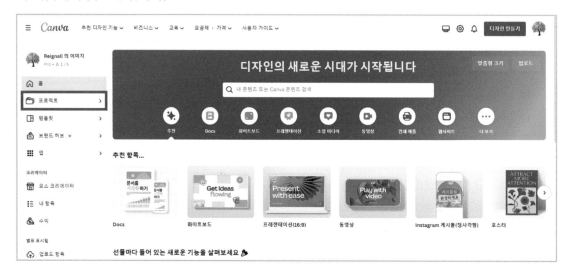

그러면 다음과 같은 화면이 나타납니다.

❶ 클릭하면 세가지 선택할 수 있는 창이 나옵니다.

❷ 자신의 작품만 보이도록 설정합니다.

❸ 본인뿐 아니라 링크를 받아 열어본 다른 사람의 작품까지도 다 나오게 됩니다. 캔바는 협업 기능이 잘 되어 있어서 팀이나 가르치는 학생들이 작업한 내용을 링크로 받아서 바로 열어볼 수 있습니다. 그래서 자신은 작업을 조금밖에 하지 않았다 할지라도 다른 사람의 작품을 많이 본 사람은 이곳에 엄청 많은 작품들이 보이게 됩니다. 저도 강의를 하면서 매일 수강생들의 과제를 링크받아 검사하다 보니 이곳에 있는 작품 수가 어마어마하게 많이 있습니다.

❹ 내가 한 작품은 보이지 않고 링크를 공유해서 본 다른 사람들의 작품만 보이게 하는 기능입니다.

기본적으로는 자신의 작품이 보이게끔 [본인]을 설정해 두면 됩니다. 자신의 작품은 삭제가 가능하지만 다른 사람들 링크를 받아서 보게 된 작품은 삭제가 되지 않기 때문에 이 기능을 [본인]으로 설정하지 않으면 작업 중인 자신의 작품을 찾기가 엄청 어려우니 꼭 체크를 잘 해두기 바랍니다.

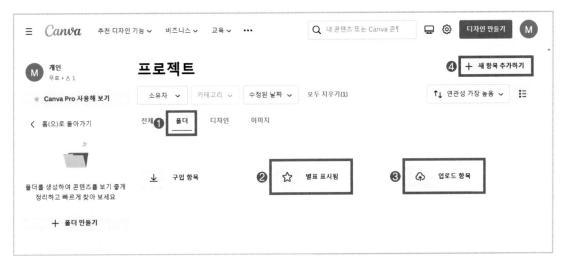

❶ 내가 만든 작품 중 폴더에 정리해 둔 것을 볼 때 여기서 찾으면 됩니다.

❷ 템플릿이나 그래픽 또는 사진, 동영상 요소들 중 마음에 들 때 노란 별표로 찜하는 기능이 있는데 그런 별표 찜을 한 요소들은 이곳에 모여 있습니다.

❸ 캔바에 없어서 내 컴퓨터나 핸드폰으로 다운로드 받아 사용한 업로드 항목들은 모두 이곳에 있습니다.

❹ 처음 캔바를 시작한 경우는 아직 작업 전이기 때문에 만들어 둔 폴더가 없을 겁니다. 그럴 때 [새 항목 추가하기]를 눌러 폴더를 생성하면 됩니다.

마음에 드는 이미지를 노란 별로 찜하는 법

◆ 마음에 드는 템플릿을 찜하는 법

마음에 드는 템플릿을 한번 쓴 뒤 또 찾으려면 힘이 들 수 있습니다. 그런 경우 찜을 해두었다가 언제든지 간편하게 꺼내 쓰면 편리합니다.

먼저 원하는 템플릿이 있는 경우, 그 위에 마우스를 대면 아래와 같이 별 모양이 나타납니다. 원래는 아무 색깔이 없는 텅빈 상태였다가, 별을 클릭하면 노란 별로 바뀌면서 찜 상태로 바뀝니다.

◆ 그래픽이나 사진, 동영상 등 마음에 드는 요소를 찜하는 법

요소의 그래픽, 사진, 오디오 등 마음에 드는 요소를 찜하고 싶으면 그 요소의 오른쪽 위에 점세개( ) 아이콘을 클릭합니다. 그런 다음 [별표 표시] 메뉴를 클릭하면 노란 별로 바뀝니다.

이런 식으로 템플릿이나 요소를 따로 보관하고 싶으면 찜을 해놓으면 되며, 찾는 방법은 다음과 같습니다.

[캔바 로고]를 눌러 홈 화면으로 돌아간 뒤 [프로젝트]를 눌러 나타난 화면에서 [폴더]-[별표 표시됨]을 차례대로 선택하면 자신이 별표로 찜한 내용들을 볼 수 있습니다.

이처럼 필요한 것을 찾을 때는 폴더별로 또는 내가 작업한 이미지는 디자인에 들어가서 찾으면 됩니다.

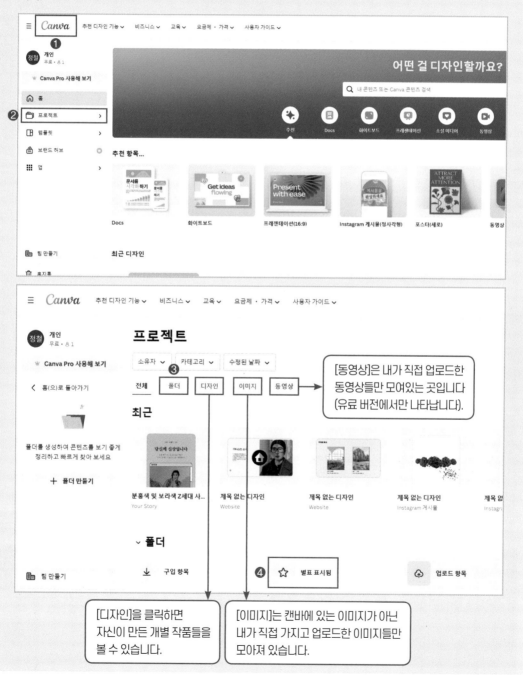

03 : 못하는 게 없는 팔방미인 캔바

이번 단원에서는 본격적으로 작품을 만들면서 캔바의 유용한 기능들에 대해 살펴보도록 하겠습니다.

1. 클릭을 부르는 썸네일 만들기

아래의 썸네일은 제 블로그에 사용한 썸네일로, 하나의 통일된 템플릿에 배경색과 사진 그리고 제목 글씨만 바꿔서 계속 사용한 겁니다. 이와 같이 하나의 양식만 만들어두면 쉽게 다양한 썸네일을 만들 수 있습니다.

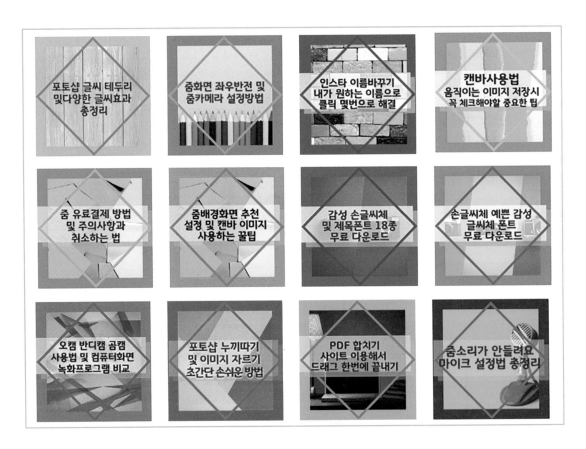

이처럼 썸네일 템플릿을 하나 선택해서 통일된 썸네일을 함께 만들어 보도록 하겠습니다.

정사각형의 작품을 만들 때는 [디자인 만들기]-[인스타그램 게시물 정사각형]을 선택하면 됩니다.

우측에 선택한 정사각형이 만들어지면 다음과 같이 진행합니다.

❶ [디자인]을 선택합니다.

❷ '북산동 펜션'으로 템플릿을 검색합니다.

❸ 원하는 템플릿을 클릭하면 오른쪽 작업창에 선택한 템플릿이 나타납니다.

내 블로그에 사용할 썸네일로 바꾸기 위해 배경색을 바꿔보겠습니다.

❶ 배경을 클릭해서 선택을 합니다. 보라색 테두리가 생기면 그 부분이 선택되어졌다는 표시입니다.

❷ [배경 색상]을 클릭합니다. 현재 배경색이 흰색이라 흰색으로 보입니다.

❸ 배경색을 선택할 수 있는 창에서 원하는 색을 선택하면 배경색이 바로 바뀝니다.

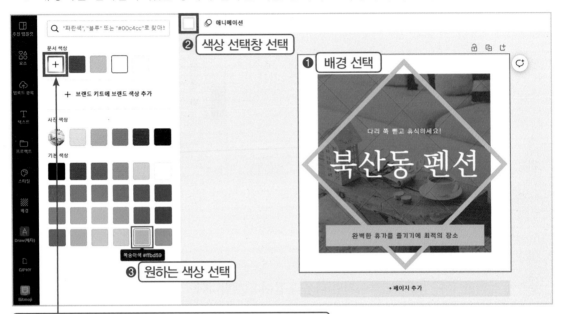

원하는 색이 보이지 않는 경우, [새로운 색상 추가]를 누르면
더 많은 색을 찾을 수 있습니다.

동일한 방법으로 마름모 테두리를 선택하여 배경색과 비슷한 색으로 선택해 줍니다.

사진 이미지를 바꿔주기

네모 박스 안에 있는 흑백 사진 이미지를 바꿔보겠습니다.

❶ [요소]를 선택합니다.

❷ 검색창에 원하는 사진의 검색어를 입력하고 검색합니다. 한글과 영어 둘다 사용가능합니다. 여기서는 'colorful'로 검색했습니다.

❸ 나타난 결과물 중 일러스트 그림 이미지를 원하면 [그래픽], 사진 이미지를 원하면 [사진]을 클릭합니다. 여기서는 사진 이미지들 중 하나를 선택하였습니다.

❹ 사진이 삽입되면 선택한 후 교체할 사진 크기만큼 드래그하여 맞춥니다.

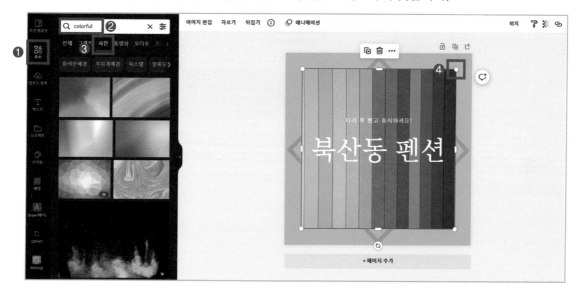

이미지가 마름모 선을 덮고 있으므로 이미지를 뒤로 보내서 마름모 선이 나타나도록 하기로 합니다.

❶ 뒤로 보내기 할 이미지를 선택합니다.

❷ [위치]를 클릭합니다.

❸ [정렬]을 클릭합니다.

❹ 마름모 선이 나타날 때까지 [뒤로]를 클릭합니다. 여기서는 [뒤로]를 선택했지만 작품의 상황에 따라 [앞으로], [맨 앞으로], [맨 뒤로] 등을 선택할 수도 있습니다.

> **여기서 잠깐!**
>
> ❺ 또다른 방법으로는 이미지를 클릭 후 바로 위에 나타나는 점세개(⋯) 아이콘을 클릭하면 하위 메뉴가 나타납니다.
>
> ❻ [레이어]를 선택합니다.
>
> ❼ [뒤로 보내기]를 선택하면 ❶ ~ ❹번과 동일하게 처리할 수 있습니다.

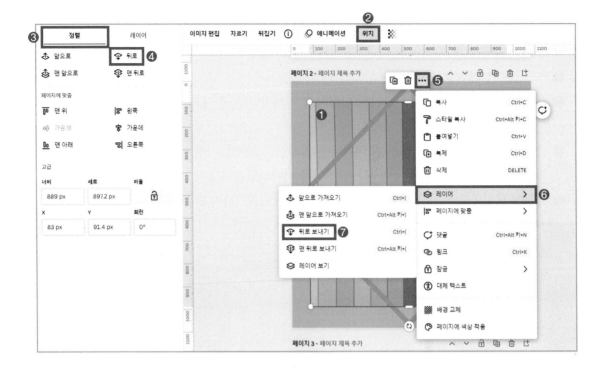

템플릿이나 요소에서 무료와 유료의 차이

템플릿이나 요소 이미지를 찾을 때 왕관 표시가 있는 건 유료 사용자만 사용할 수 있습니다. 하지만 무료 사용자도 유료 이미지를 클릭해서 작품에 얼마든지 넣어볼 수 있습니다. 단 다운로드 받을 때는 비용을 지불해야만 다운로드 받을 수 있습니다. 즉, 다운로드만 하지 않는다면 얼마든지 작품만들 때 유료 이미지를 쓸 수 있습니다. 즉, 유료 이미지라고 무조건 건너뛰지 말고 얼마든지 자유롭게 연습할 수 있습니다.

결과물을 인쇄하거나 다운로드 받지 않고 온라인상에서 화면으로만 볼 때는 작업 링크로만 주고받기 때문에 유료 이미지를 사용하였더라도 얼마든지 캔바에서 제작한 작품들을 링크를 통해 열어볼 수 있습니다.

글자 변경하기

이제 글자를 선택해서 적당한 내용으로 타이핑 합니다. 썸네일에 어울리는 큼지막한 서체를 선택합니다. 캔바 무료에도 다양한 한글 서체가 많이 깔려 있기 때문에 충분히 사용할 수 있습니다.

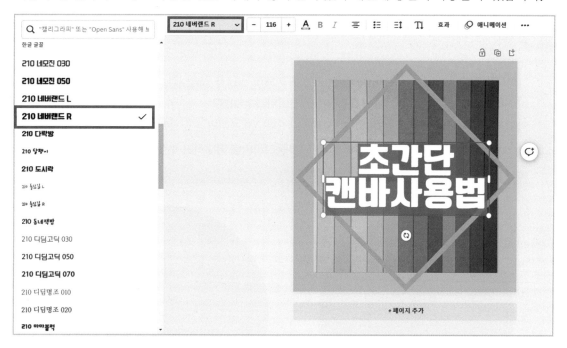

❶ 서체 크기를 바꿀 수 있습니다.

❷ 꼭지점을 클릭해서 늘였다 줄였다 하면 서체 크기를 조절할 수 있습니다.

❸ 글자색을 바꿀 수 있습니다.

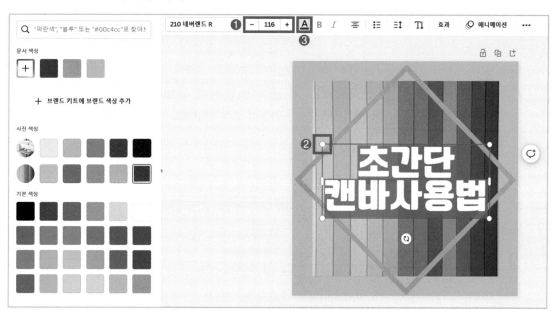

디자이너라면 필수 지식!! 벡터 이미지와 비트맵 이미지 차이

캔바의 제일 큰 매력을 꼽으라면 사진 편집을 주로 다루는 픽셀 기반의 포토샵 영역과 클립아트처럼 벡터 기반인 일러스트 영역이 합쳐져 있다는 겁니다. 그렇기 때문에 이미지 타입에 신경 쓸 필요없이 캔바 왼쪽 메뉴바에서 필요한 사진과 일러스트 이미지, 동영상, 음악 등을 검색해서 가져오기만 하면 됩니다.

그렇지만 픽셀 기반의 비트맵과 벡터라는 개념은 이해할 필요가 있습니다. 아래 그림에서 두 동그라미 차이가 뭔지 잘 보입니까? 그냥 똑같은 동그라미처럼 보이죠?
왼쪽은 포토샵에서 그린 동그라미이고, 오른쪽은 일러스트레이터 프로그램으로 그린 동그라미입니다. 그럼 두 동그라미의 차이를 확실히 알 수 있게 동그라미를 확대시켜 보겠습니다.

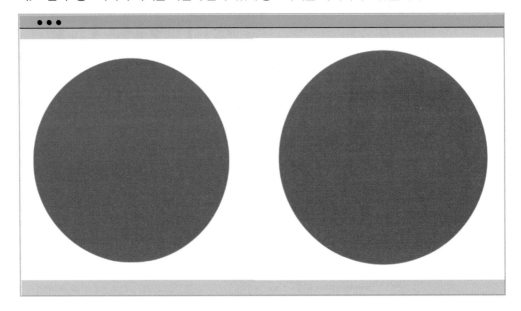

확대해보면 왼쪽 포토샵 그림은 네모 형태의 픽셀들이 보이죠? 그리고 끝부분은 계단 형태로 깨어져서 보입니다. 이렇게 픽셀 기반 포토샵은 이미지를 크게 확대하면 해상도가 낮아지면서 깨져 보이는 특징이 있고요. 오른쪽 벡터 기반 일러스트는 아무리 크게 확대해도 이미지가 깨지지 않고 깨끗합니다.

디자인 툴의 이런 기본 원리를 이해하고 있으면 작업할 때 어떤 상황에서 비트맵 방식으로 할 건지 아니면 벡터 기반인 일러스트를 사용해야 하는지에 대한 판단이 서게 됩니다. 그러면 작업을 훨씬 효율적으로 할 수 있고, 작업의 질도 높일 수가 있겠습니다.

비트맵 방식은 용량을 적게 차지하는 이점이 있는 대신에 확대하면 깨질 수 있고, 벡터 방식은 확대해도 깨지지 않지만 용량을 많이 차지하여 처리 속도가 떨어진다는 것이 큰 차이점입니다.

비트맵 방식은 사진 수정과 인쇄물에서 많이 쓰입니다. 그러나 이미지를 크게 확대해서 사용해야 할 경우는 이미지가 깨어지지 않아야 하니까 벡터 이미지를 주로 사용하고, 대표적인 예는 현수막이 있습니다. 로고도 상태에 따라 확대해서 사용하는 경우가 많으므로 최종본은 대부분 벡터 방식으로 작업합니다.

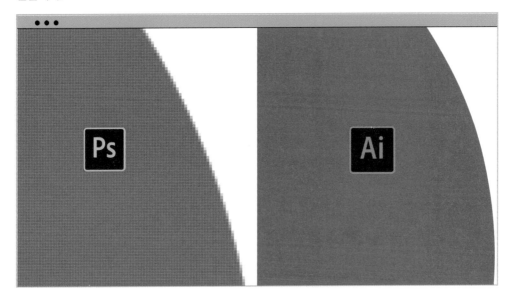

캔바 안에는 이렇게 포토샵과 일러스트 영역이 같이 들어가 있을 뿐만 아니라, 동영상과 움짤 gif 이미지도 있으며, 배경 음악까지 포함되어 있어서 올인원 백화점처럼 한 곳에서 다 해결이 될 수 있습니다.

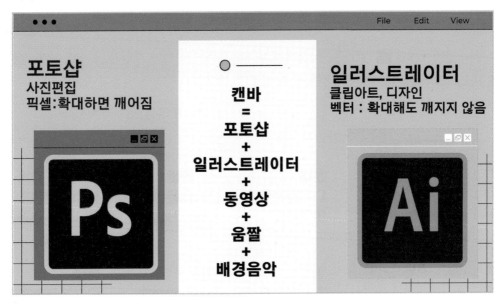

2. 글자만으로 다양한 썸네일 만들기

아래 이미지 중 첫 번째 썸네일이 캔바에서 가져온 원본입니다. 이 템플릿을 토대로 글자에 다양한 효과를 넣어서 여러 종류의 썸네일을 만들어 보았습니다. 별다른 이미지를 사용하지 않고도 글자 효과만으로 얼마나 다양한 표현을 할 수 있는지 살펴보겠습니다.

좌측 기능선택툴에서 [텍스트]를 선택한 뒤 [효과]를 클릭하면 그림자, 들어올리기, 할로우, 스플라이스, 에코, 글리치, 네온, 배경효과, 곡선 등을 적용하여 글자를 만들 수 있습니다.

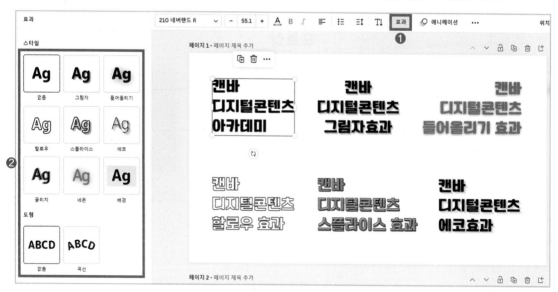

각 효과마다 색상도 바꿀 수 있으며, 방향도 세밀하게 설정할 수 있습니다.

글자 효과 맨 아래에 있는 [도형]을 이용하면 곡선의 굴곡을 조절할 수 있으며 위, 아래로 다 표현이 가능합니다. 곡선 숫자가 높을수록 위쪽으로 둥근 곡선이 되고, 마이너스 숫자로 내려갈수록 곡선이 아래로 볼록해집니다.

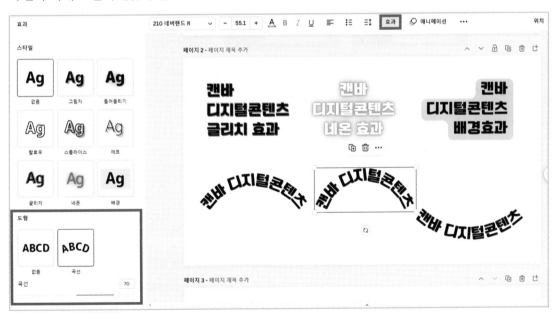

3. 감성적인 인스타 피드 만들기

인스타그램에 감성적인 느낌이 나는 피드를 만들려면 캔바에서 필터를 한 번만 입혀주면 됩니다.

⟨만드는 과정⟩
❶ 정사각형 인스타그램 판형 가져오기
❷ 배경 사진 이미지 가져오기
❸ 프레임 찾기
❹ 프레임 안에 사진 넣기
❺ 배경과 프레임 안의 사진 모두에 동일한 필터를 넣어서 통일된 이미지 만들기

캔바 홈 화면에서 [디자인 만들기]를 클릭하여 정사각형 작업창을 만든 다음, 왼쪽 기능선택툴 메뉴에서 [배경]을 클릭하여 원하는 이미지를 하나 선택합니다. 만약 기능선택툴 메뉴에 [배경]이 보이지 않으면 밑에 있는 [앱] 아이콘 속에 있으므로 [앱]–[배경]을 차례대로 클릭합니다(35쪽 참조).

그러면 [배경] 아이콘이 아래 그림처럼 왼쪽 툴바에 보이게 됩니다. [배경]을 자주 쓰는 경우에는 이렇게 선택해서 빼 두고, 잘 안쓰는 건 다시 [앱] 속에 넣어두면 왼쪽 툴바를 깔끔하게 이용할 수 있습니다. 숨기는 방법은 툴바에서 [배경]으로 마우스를 가져가서 🔳 표시를 클릭하면 사라집니다.

[배경] 중 원하는 이미지를 클릭하면 오른쪽 작업창에 선택한 배경이 나타납니다.

사진을 그냥 가져오지 않고 동그라미, 네모, 나뭇잎, 폴라로이드, 글씨 등의 특정한 틀속에 넣어보도록 하겠습니다. 사진을 넣을 수 있는 이런 틀을 [프레임]이라고 합니다.

[요소] 클릭 후 스크롤해서 아래로 좀 내려가 [프레임]이 보이면 [모두 보기]를 합니다.

검색창에서 '프레임'을 직접 검색할 수도 있지만 시간을 내어서라도 어떤 종류의 다양한 프레임이 있는지 전체적으로 한번 살펴보는 게 좋습니다.

프레임 안에는 사진뿐 아니라 색도 넣을 수 있습니다. 다양한 프레임이 많기 때문에 미리 잘 숙지를 하고 있으면 작업할 때 이번에는 '모니터 모양의 프레임', 다음 번엔 '숫자 프레임' 등 자신의 작업에 적합한 프레임을 빨리 찾아서 작업의 효율을 높일 수 있습니다.

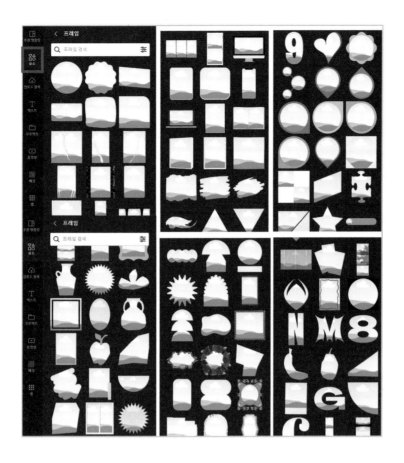

여기에서는 나뭇잎 그림자가 드리워져 있는 프레임을 가져왔습니다. 여러분은 저랑 꼭 똑같은 프레임을 선택하지 않아도 됩니다. 이렇게 사진 이미지를 두 개 이상 넣을 수 있는 프레임을 가져오면 됩니다. 그런 다음 마우스로 드래그하여 우측에 가지런히 배치시킵니다.

프레임에 이미지를 넣을 차례입니다. 추억에 관련한 이미지를 가져오도록 해보겠습니다.

❶ [요소]를 클릭합니다.

❷ '기억'이란 단어를 입력하고 Enter 를 눌러 찾기를 합니다.

❸ [사진]을 선택해서 나온 이미지 중 원하는 이미지를 클릭하면 우측창에 표시됩니다.

❹ 마우스로 드래그하여 프레임 안에 각각의 사진을 넣습니다.

그런데 배경 이미지와 프레임 속 사진 두 종류 모두 제각각이라 통일된 느낌이 없는 것 같습니다. 그래서 배경과 프레임 속 두 개의 사진 모두 동일한 필터를 적용하여 통일된 느낌이 들도록 하겠습니다.

❶ 필터를 적용할 이미지를 선택합니다.

❷ [사진 편집]을 클릭합니다.

❸ [필터]-[모두 보기]를 클릭합니다.

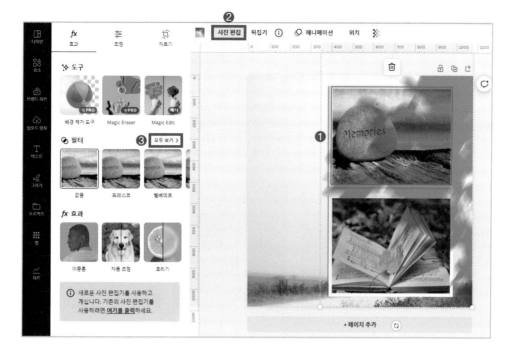

❶ 스크롤 바를 내리면 많은 종류의 필터가 있음을 볼 수 있습니다.

❷ 화살표를 오른쪽, 왼쪽으로 옮겨가며 원하는 필터를 선택할 수 있습니다.

배경 이미지, 프레임 안 사진 모두 동일한 필터를 선택해서 통일된 느낌이 되도록 합니다. 종류가 아주 많으니 하나하나 눌러보면서 자신이 원하는 이미지를 찾아보기 바랍니다.

똑같은 이미지에 다양한 필터를 줌으로써 짧은 시간에 많은 작품을 만들어 냈습니다. 여기서는 대표적인 필터를 한 개씩만 사용해 봤는데 여러분은 일일이 필터를 다 적용해보면서 분위기와 필터 이름들을 익히는 것을 추천합니다.

인스타그램에서 감성적인 이미지를 만들고 싶은데, 멋진 장소에 잘 다니지도 않고, 사진 찍는 실력도 없다면 캔바의 필터 기능을 사용하여 자신의 SNS를 멋지게 잘 꾸며보세요.

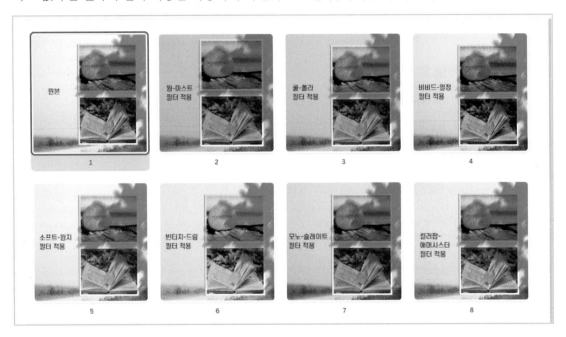

캔바는 계속 업그레이드를 하고 있어서 간혹 사진 이미지를 선택했을 때 [사진 편집]이 아닌 [이미지 편집] 메뉴가 나타날 수도 있습니다. 현재는 캔바에서 이렇게 두 가지 방식을 다 허용하고 있기 때문에 만약 [이미지 편집] 메뉴가 나타난다면 다음과 같이 [필터]를 전체보기하여 이 중에서 적절한 필터를 선택하면 됩니다.

❶ 바꿀 사진 이미지를 선택한 뒤

❷ [이미지 편집]에 들어가서

❸ 여러 가지 필터 중 전체적으로 푸른 느낌을 한 꺼풀 입히는 레트로 필터를 적용했습니다.

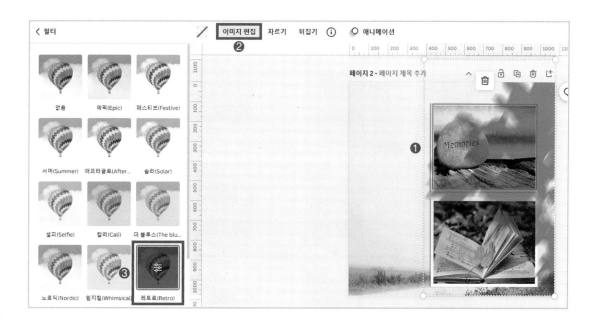

나머지 사진과 배경까지 동일하게 레트로 필터를 적용했더니 전체적으로 통일된 느낌의 감성적 인 피드가 하나 완성되어졌습니다. 이와 마찬가지로 레트로 필터뿐 아니라 다른 필터들도 적용시 키면서 어떤 느낌으로 바뀌는 지 살펴보겠습니다.

똑같은 이미지에 필터만 따로 적용시켰더니 완전 다른 느낌의 작품이 금방 만들어졌습니다.

현재 캔바에서는 [이미지 편집] 기능과 [사진 편집] 기능 두가지 창을 왔다갔다 하면서 쓸 수 있도록 하고 있습니다. 앞으로 업그레이드 되면서 이 부분은 더 막강하게 바뀔 수 있습니다. 만약 화면과 좀 다르게 바뀌더라도 필터와 특수 효과는 이곳에서 이루어지니까 한 번씩 클릭해 보면 금방 이해할 수 있을 것입니다.

[사진 편집]과 [이미지 편집] 변환하기

만약 [사진 이미지]를 클릭했을 때 [이미지 편집] 창이 아닌 [사진 편집] 창으로 바꾸고 싶다면

① 사진 이미지를 클릭합니다.

② [이미지 편집]을 클릭합니다.

③ 사진 편집하는 새로운 기능 [확인하기]를 클릭하면 [사진 편집]에서 작업을 할 수 있습니다.

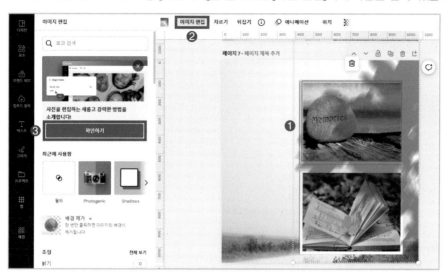

반대로 [사진 편집]이 아닌 [이미지 편집]에서 작업하고 싶다면

① 사진 이미지를 클릭합니다.

② [사진 편집]을 클릭합니다.

③ 기존의 사진 편집기를 사용하려면 [여기를 클릭]을 눌러줍니다.

두 창의 기능을 하나로 통합하기 전까지는 이미지 작업을 포토샵 효과같은 특수한 효과 위주로 작업하고 싶다면 [이미지 편집] 상태에서 작업하고, 사진 보정 위주로 작업하려면 [사진 편집]에서 작업하는 것을 추천드립니다.

이제 똑같은 원리로 프레임에 사진이 아닌 동영상을 넣어보겠습니다.

[요소]를 클릭한 후 원하는 이미지 키워드로 검색합니다(여기서는 '꽃'으로 검색했습니다).

사진이 아닌 [동영상]을 선택하면 꽃 이미지 중 동영상으로 되어있는 것만 나타나게 됩니다. 이 중 원하는 동영상을 클릭해서 오른쪽 작업창 프레임 안에 넣어주면 됩니다.

삽입된 동영상을 보기 좋게 만들어 보기로 합니다.

❶ 전체적으로 통일된 느낌을 주기 위해 동영상을 선택합니다.

❷ [동영상 편집]을 클릭합니다.

❸ 같은 필터를 적용해 줍니다. 여기에서는 [필터]-[비비드]-[피어니] 필터를 적용했습니다.

❹ 슬라이드 바를 조정하면서 적절하게 필터의 강도를 조절해 줍니다.

이번엔 프레임 없이도 동영상이나 이미지를 넣는 방법을 알아보겠습니다.

❶ [요소]를 선택합니다.

❷ 폴라로이드 이미지를 하나 가져옵니다. 만약 저랑 비슷한 이미지를 가져오고 싶으면 '폴라로 이드를 들고있는 손'으로 검색합니다.

❸ [사진] 중에서 적절한 이미지를 클릭해서 가져옵니다.

이 이미지를 배경으로 넣도록 합니다. 앞에서 배경 이미지를 가져올 때 [앱]-[배경]에 있는 이미지를 클릭하면 바로 배경으로 이미지가 들어갔습니다. 이렇게 [요소]에 있는 이미지를 가져오면 수동으로 배경에 맞게 이미지를 확대해야 하지만, 이미지를 선택한 상태에서 마우스 우클릭을 한 뒤 [이미지를 배경으로 설정]을 선택하면 바로 꽉 차게 배경으로 들어오게 됩니다.

폴라로이드 이미지를 배경으로 만들었으면 동영상을 가져와 보기로 합니다. [요소]를 클릭하여 '보라색 꽃'으로 검색한 후 [동영상]을 선택하여 원하는 동영상을 가져옵니다.

❶ 동그란 꼭지점을 클릭해서 이미지나 동영상을 늘였다 줄였다 합니다.

❷ 네모 핸들을 클릭해서 가로로 긴 동영상을 폴라로이드 이미지에 맞게 줄일 수 있습니다.

❸ 이 핸들을 클릭해서 세로 크기와 비율을 조절할 수 있습니다.

❹ 약간 기울어져 있는 폴라로이드 각도에 맞춰 동영상도 각도를 맞춰줘야 합니다. 동그란 화살
표시를 클릭 후 드래그하여 원하는 정도만큼 각도를 돌려줍니다.

캔바에서 제공하는 이미지가 아닌 내 컴퓨터에 있는 이미지나 동영상을 캔바에 넣고 싶다면 다
음과 같이 진행합니다.

❶ [업로드 항목]을 클릭합니다.

❷ [파일 업로드]를 클릭합니다.

❸ [열기] 창이 나타나면 내 컴퓨터에 있는 이미지나 동영상을 찾아서 작업창으로 가지고 옵니다.

4. 비트모지(Bitmoji)를 이용하여 나만의 캐릭터로 유튜브 썸네일 만들기

유튜브 썸네일에 촬영한 자신의 얼굴을 넣을 수도 있지만 자신의 이미지를 캐릭터로 만든 비트모지를 사용하여 만드는 방법을 살펴보겠습니다.

여기서 잠깐!

비트모지 사용할 때 유의할 점

우측에 있는 QR 코드를 참조하여 비트모지(Bitmoji) 설치 및 사용법을 활용하기 바랍니다. 특히 비트모지 기능을 모바일이 아닌 PC에서 사용하려면 크롬에서 사용해야 원활합니다. 캔바와 연동하려면 Snapchat 앱을 설치하여 가입해야만 가능합니다. 가입 시 유의사항으로는 가능하면 구글 이메일 주소를 사용하기 바랍니다.

캔바를 비롯하여 비트모지도 외국 앱이므로 구글 이메일 주소가 아닌 경우 연동이 안될 때도 있기 때문입니다.

❶ 캔바 사용 툴바에 'Bitmoji'를 선택하여 계정을 연결시켜서 바로 캔바에서 사용하는 방법이 있습니다(앱 안에 숨어있는 Bitmoji를 클릭해서 꺼내기 하면 됩니다 [앱] 클릭 후 'Bitmoji'로 검색하면 쉽게 찾을 수 있습니다).

❷ 또다른 방법은 비트모지를 저처럼 내컴퓨터 확장 파일에 넣어서 사용하게 되면 캔바뿐 아니라 블로그 포스팅할 때에나 한글, PPT 등 다른 프로그램을 사용할 때도 비트모지 캐릭터를 사용할 수 있습니다(비트모지 설치 방법과 확장 파일에 넣는 법은 아래 QR코드 동영상을 보면 쉽게 따라할 수 있습니다).

❸ 확장 파일 안에 들어있는 비트모지 아이콘을 클릭하면 다양한 포즈의 캐릭터가 나옵니다.

❹ 원하는 이미지에서 오른쪽 마우스 버튼을 클릭한 뒤 [이미지 복사]를 합니다. 그런 다음 Ctrl + V 하여 이미지 붙여넣기를 하면 오른쪽 작업창에 들어옵니다.

비트모지 설치 및 사용법 동영상 보기

캐릭터가 작업창에 들어오면 입맛에 맞게 변경시키도록 합니다. 비트모지가 아닌 자신의 얼굴을 넣으실 분들은 사진을 불러온 뒤 다음부터 나오는 설명대로 따라하면 됩니다.

캐릭터를 선택한 후 동그란 화살표를 선택하여 드래그하면 각도를 돌려줄 수 있습니다.

[뒤집기]-[수평 뒤집기]를 하면 좌우 바꾸기를 할 수 있으며, [수직 뒤집기]를 하면 상하바꾸기를 하여 재미있는 표현을 만들어 낼 수 있습니다.

수평 뒤집기를 해서 적당히 배치시킨 뒤 사람이 들어가는 유튜브 썸네일에서 제일 많이 사용하는 테두리 기능을 입혀 보겠습니다.

❶ 테두리를 입힐 이미지를 선택합니다.

❷ [사진 편집]을 클릭합니다.

❸ [여기를 클릭]에서 기존의 사진 편집기로 들어갑니다.

[사진 편집]이 [이미지 편집] 메뉴로 바뀌었습니다. [이미지 편집]을 선택한 후 아래로 조금만 내려가서 [Shadows(그림자)]−[전체 보기]를 클릭합니다.

[글로우]를 선택합니다.

[글로우]를 한 번 더 클릭하면 더 자세하게 정밀한 값과 색 변경을 할 수 있습니다. 뚜렷한 테두리를 원한다면 투명도 100, 흐리기 0으로 조정하면 됩니다. 테두리 색을 흰색으로 선택한 뒤 [적용]을 누릅니다.

이처럼 [글로우] 상세 설정에서 '흐리기'와 '두께'를 어떻게 설정하냐에 따라 다양한 표현들을 만들어낼 수 있습니다. 색깔을 바꾸면서 이 작업을 반복하면 맨 오른쪽 캐릭터처럼 겹겹이 쌓인 테두리 효과도 만들어 낼 수 있습니다.

여기까지 [이미지 편집]에서 그림자 효과를 만들어 보았습니다.

여기서 잠깐!

[사진 편집]과 [이미지 편집] 사용 시 주의할 점

주의할 사항으로 작업할 때 [사진 편집] 작업과 [이미지 편집] 작업 중 어디에서 작업할지 정했으면 한 군데에서만 작업을 해야 합니다. 예를 들어 누끼따기는 [사진 편집]에서 했다가, 특수 효과는 [이미지 편집] 툴에서 하게 되면 이전에 [사진 편집]에서 했던 기능들이 다 풀리게 됩니다.

새창을 열어 작업할 때는 이 부분을 꼭 주의하기 바랍니다.

[그림자 효과]를 [사진 편집]에서는 어디서 하는지 살펴보겠습니다.

그림자 효과를 줄 이미지를 선택한 뒤 [사진 편집]–[효과]–[fx효과]에서 맨 오른쪽 우측 화살표시를 클릭합니다. 그러면 옆에 숨어서 보이지 않던 [그림자]가 보입니다.

❶ 그림자 효과를 줄 이미지를 선택합니다.
❷ [fx 효과]를 클릭합니다.
❸ [fx 효과]–[그림자]를 선택합니다.

[그림자] 안에는 glow, drop, outline 세 가지 종류가 있습니다.

원하는 효과를 선택한 후, 그림자의 크기나 흐림 정도, 색상과 강도를 좀더 세밀하게 설정할 수 있습니다.

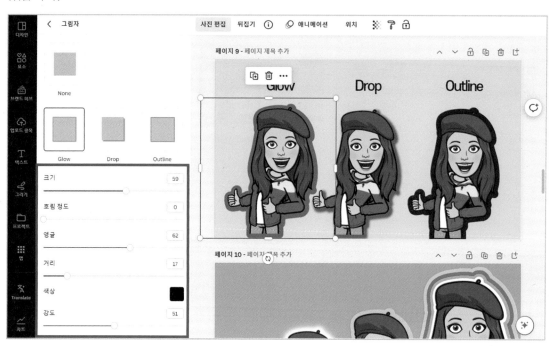

5. 시선을 사로잡게 만드는 카드뉴스 만들기

카드뉴스는 주요 이슈와 사건을 이미지와 짧은 글로 보여주기 때문에 전달력에 있어서 긴 글보다는 더 영향력이 있습니다. 개인 마케팅을 위해서도 많이 쓰이며, 이에 발맞추어 카드뉴스만 전문적으로 제작해주는 곳도 많습니다.

캔바를 홍보하는 캔바 키워드 사용법에 관한 카드뉴스를 제작해 보겠습니다.
❶ 캔바 홈에서 검색창에 '카드뉴스'를 검색합니다.
❷ 검색창을 이용하지 않고 [템플릿]을 선택해서 검색하면 캔바에서 제공하는 템플릿으로 바로 검색할 수 있습니다.
❸ 이중 템플릿을 하나 선택합니다.

[프로젝트]를 선택해서 검색하면
내가 작업한 작품 중
적합한 것을 보여줍니다.

여기서 잠깐!

인스타그램 템플릿을 검색해서 이용해도 되지만 일부러 카드뉴스를 검색한 건 바로 이렇게 통일된 양식의 여러 페이지가 이미 다 만들어져 있기 때문입니다.
인스타그램 템플릿은 한 페이지로만 만들어져 있어서 그 템플릿으로 작업한 뒤 나머지 페이지는 자신이 직접 만들어야 합니다.

세부 페이지 양식까지 마음에 들면 [이 템플릿 맞춤 편집]을 클릭합니다.

그러면 선택한 카드뉴스 템플릿이 오른쪽 작업창에 나타납니다.

❶ [디자인]을 클릭합니다.

❷ [스타일]을 클릭합니다.

❸ 색 조합 중 마음에 드는 것을 선택하여 클릭하면 템플릿 색이 변경됩니다.

❹ [모든 페이지에 적용]을 선택하면 나머지 페이지도 한꺼번에 이 조합으로 바뀌게 됩니다.

클릭 한 번으로 바뀐 전체 페이지입니다.

이제 제목이나 이미지 등을 변경하여 입맛에 맞게 수정해 보겠습니다.

❶ 제목을 변경합니다.

❷ 원래 있는 이미지를 없애고 내 컴퓨터에 있는 캐릭터를 가져오겠습니다.

❸ 기능선택툴 메뉴에서 [업로드 항목]을 클릭합니다.

❹ [파일 업로드]를 클릭합니다.

❺ 내 컴퓨터에서 가져올 이미지를 선택합니다.

❻ [열기]를 클릭합니다.

❶ 가져온 이미지에 하늘색 배경이 있어서 배경 제거를 하겠습니다. 캔바에서 배경 제거는 프로 유료 사용자 이상만 사용할 수 있습니다. 하지만 리무브BG에서 클릭 한 번 만으로 할 수 있는 방법을 따로 설명 드리겠습니다(82쪽 Power upgrade 참조).

❷ [이미지 편집] 또는 [사진 편집]을 클릭합니다(이 부분에 사진 편집이 뜰 수도 있고, 이미지 편집이 뜰 수도 있습니다. 캔바는 수시로 업그레이드 하기 때문에 위치와 용어가 조금씩 책 화면과 다르게 보일 수 있습니다).

❸ [배경 제거]를 클릭합니다.

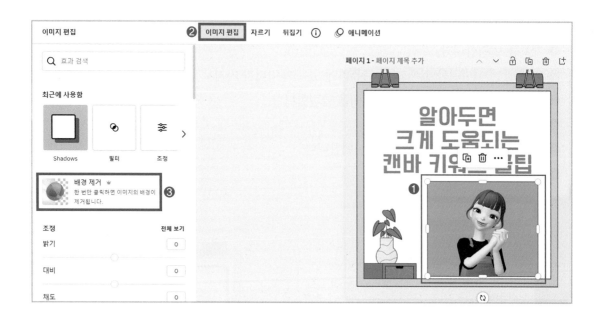

캐릭터 뒤에 있던 배경이 말끔하게 사라진 것을 볼 수 있습니다.

만약 옆 머리카락이나 좀 더 지우고 싶은 부분이 있으면 [지우기] 버튼을 클릭해서 지울 수 있고, 잘못 지웠다 싶으면 [복원] 버튼을 눌러서 다시 되살릴 수 있습니다.

캐릭터 주위에 자연스러운 그림자를 넣어보겠습니다.

[이미지 편집]-[Shadows]-[드롭]을 주면 자연스러운 그림자가 생깁니다. [드롭] 항목을 한 번 더 클릭하면 더욱 정교한 세팅 값을 줄 수 있습니다.

① **오프셋** : 원래 이미지와 그림자간 떨어지는 정도를 지정합니다.

② **투명도** : 그림자의 진하기 정도를 지정합니다.

③ **흐리기** : 흐리기 수치가 적을수록 그림자는 또렷한 선처럼 되고, 흐리기 수치가 클수록 더 부스
스해지며 자연스런 그림자가 됩니다.

④ **색상** : 그림자 색상을 바꿀 수 있습니다.

⑤ 설정을 마친 뒤 [적용]을 클릭합니다.

나머지 페이지도 원본 템플릿에서 필요 없는 부분은 삭제한 뒤 캔바 검색어 키워드 모음 카드뉴스를 완성했습니다.

만들어진 카드뉴스를 다른 곳에서 사용할 수 있도록 해보겠습니다.

❶ 제목을 넣어줍니다.
❷ [공유] 버튼을 클릭합니다.
❸ [다운로드]를 클릭합니다.

❹ [다운로드]를 누르면 다양한 파일 양식이 나타나면서 JPG와 PNG 둘 중 하나를 선택할 수 있습니다. 카드뉴스를 SNS 용도뿐 아니라 다른 여러 용도로도 사용하려면 PNG를 선택하는 것이 좋습니다.

마지막으로 최종 점검을 하기로 합니다.

❶ PNG 파일 형식이 제대로 선택되었는지 확인합니다.
❷ 페이지도 원하는 페이지만 체크해서 다운받을 수 있습니다. 여기에서는 모든 페이지에 다 체크했습니다. 2페이지 이상 선택시는 압축 파일로 다운받아집니다.
❸ [완료]를 클릭합니다.

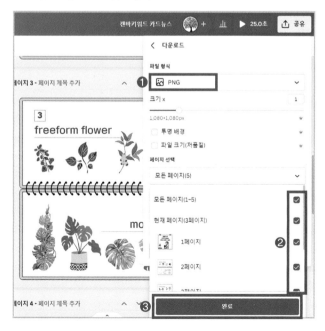

리무브 BG에서 배경 제거를 무료로 간단하게 하기

캔바 무료 사용자분들 배경 제거 못 한다고 걱정마세요. 리무브 BG(www.remove.bg) 사이트에 배경을 제거할 사진을 가져가서 클릭 한 번만 하면 바로 배경 제거를 할 수 있습니다. 리무브 BG 사이트는 캔바와 연동이 되어 있어 매우 편리합니다.

리무브 BG 홈 화면입니다. [이미지 업로드]를 클릭해서 배경 제거할 이미지를 가져오거나 이미지를 클릭해서 이곳으로 끌고 오기만 해도 됩니다.

① [이미지 업로드]를 클릭합니다.
② 배경 제거할 이미지를 선택합니다.
③ [열기]를 클릭합니다.

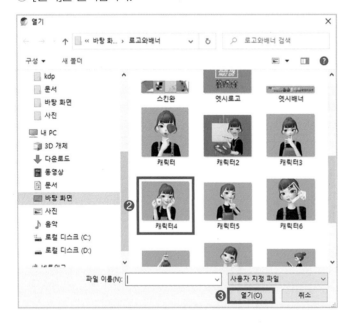

이렇게 클릭 한 번 만으로 배경 제거가 완료되었습니다.

① [원본]을 누르면 원본 이미지를 볼 수 있습니다.

② [편집]을 눌러 여러 가지 효과를 더 넣을 수 있습니다. 편집 작업은 캔바에서도 할 수 있기 때문에 이 부분은 건너뛰어도 됩니다.

③ [다운로드]를 누르면 배경 제거한 이미지가 내 컴퓨터에 다운로드 됩니다.

④ 캔바 비회원도 사용할 수 있으며, 클릭하자마자 바로 캔바 페이지에서 배경 제거한 이미지를 이어서 작업할 수 있습니다.

6. 마법같이 신기하고 재미있는 사진 보정하기

사진 보정을 하기 위해 이번에는 작업창 크기를 카드 크기로 시작해 보겠습니다.
[디자인 만들기]-[카드]를 선택합니다.

만약에 메뉴가 안 나타나면 '카드'로 검색해서 원하는 크기의 카드를 선택해도 됩니다.

[요소]에서 '해변'을 검색한 다음, [사진] 탭에서 원하는 이미지를 선택하여 가져옵니다.

가지고 온 해변 이미지를 클릭해서 선택한 뒤 [이미지 편집]이 아닌 [사진 편집]이 되도록 반드시 확인을 합니다. 캔바 업그레이드 후 새로 생긴 기능이며 [이미지 편집]에선 이 기능이 없기 때문에 [사진 편집] 툴에서 작업을 해야 합니다(변경 방법은 61쪽 참조).

[도구]–[Magic Eraser]를 선택하여 오른쪽 해변 위에 떠 있는 배들을 없애도록 하겠습니다. 이 기능은 캔바 프로 유료 사용자만 쓸 수 있지만 너무 쉽고 간편한 기능이라 유료 결제를 하더라도 그만한 가치가 있는 막강한 기능입니다.

❶ [사진 편집]을 클릭합니다.
❷ [fx 효과]를 클릭합니다.
❸ [도구]를 클릭합니다.
❹ [Magic Eraser]를 클릭합니다.
❺ 지우고 싶은 부위를 지웁니다.

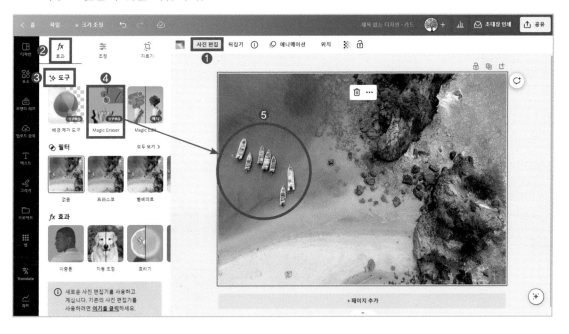

브러시 크기를 적당하게 조절한 후 해변에서 없애고 싶은 부위를 슥슥 지우개처럼 문질러줍니다.

해변가에 있는 배들이 감쪽같이 사라져 버렸습니다.

이번에는 배가 있었던 자리에 [Magic Edit] 기능을 이용하여 배 대신에 수영하는 사람들이 있도록 만들어 보겠습니다.

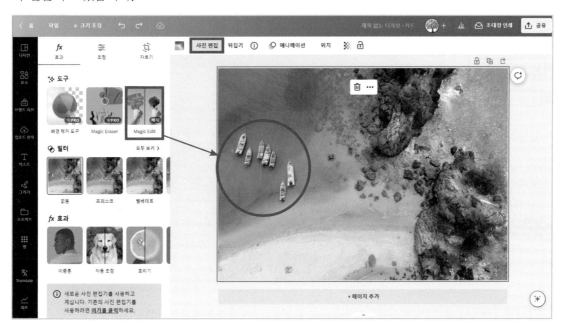

브러시 크기를 적절하게 세팅한 뒤 없애버릴 부분을 지우개처럼 슥슥 문질러 줍니다. [계속] 버튼을 누릅니다.

[생성하려는 이미지 설명] 아래 빈칸에 넣고 싶은 이미지를 글로 입력합니다. 여기에서는 '수영하고 있는 사람들'이라고 텍스트를 넣어보았습니다. 그리고 [생성]을 클릭합니다.

그러면 캔바 AI가 수영하고 있는 사람들을 자동으로 검색하여 4개의 이미지를 보여줍니다.

❶ 마음에 드는 이미지를 선택합니다.

❷ 오른쪽 작업창에서 자연스럽게 배가 있던 자리가 수영하는 사람들로 바뀌어집니다.

❸ 4개의 이미지 중 마음에 드는 게 없다면 [새로운 결과 생성하기]를 눌러서 다른 이미지를 만들도록 요청합니다.

❹ 만약 이 이미지가 마음에 든다면 [완료]를 클릭합니다.

7. 번역까지 해주는 똑똑한 비서

[디자인]–[템플릿]에서 영어로 되어있는 템플릿을 하나 선택합니다. 한국어로 되어있는 템플릿도 상관없습니다(한국어는 영어로 번역하도록 할 수 있습니다).

맨 왼쪽 기능선택툴 메뉴에서 [Translate]을 선택합니다(만약에 보이지 않는다면 [앱] 속에 숨어있으므로 [앱] 선택 후 'Translate'로 검색하면 쉽게 찾을 수 있습니다. 사용법은 35쪽 참조).

원문은 영어인지 일어인지 프랑스어인지 자동으로 감지하기 때문에 특별히 손대지 않아도 됩니다. [번역문]은 원하는 나라를 선택해 줍니다. [한국어]로 선택했습니다.

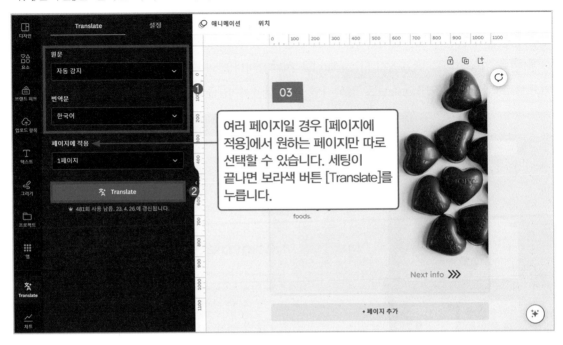

이런 식으로 프랑스어, 중국어, 일본어, 인도네시아어 등 여러나라 말로 자동 번역을 할 수 있습니다.

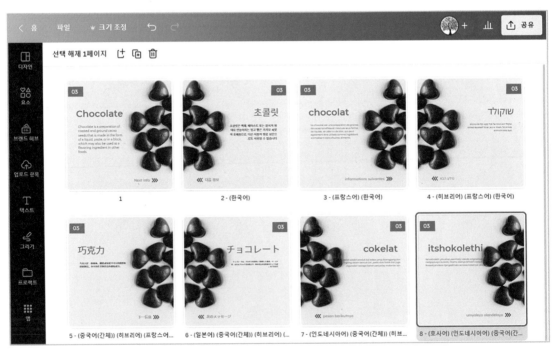

MEMO

04 : PPT 배울 필요 없이 캔바로 간단하게 해결 가능

1. PPT 템플릿 구걸하러 다니지 마세요

저는 캔바를 알기 전까지 무료 템플릿을 찾아 이리저리 많이 헤매고 다녔습니다. 템플릿을 얻기 위해 블로그 공유를 하기도 하고, 구걸 댓글도 많이 달았었는데요. 아마 여러분도 저 같은 경험 많았을 겁니다.

하지만 이제 그럴 필요 없습니다. 캔바에는 20,000개 이상의 PPT 템플릿이 있어서 편하게 이용 가능합니다. 따라서 자신이 원하는 스타일의 템플릿을 어떻게 빨리 찾는지 방법만 알면 됩니다.

캔바에서 제공하는 프레젠테이션 템플릿이 너무 많기 때문에 일일이 하나씩 보면서 원하는 템플릿을 고른다면 시간적 낭비가 너무 심합니다. 이럴 때 왼쪽에 있는 [필터] 기능을 적절히 사용하면 빠른 시간에 원하는 템플릿을 발견할 수 있습니다.

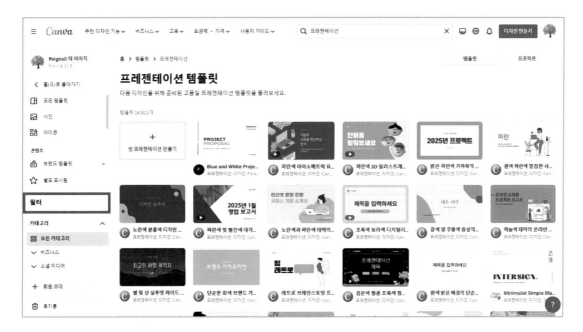

이 기능을 사용하면 형식, 스타일, 테마, 기능, 제목, 주제, 학년, 색상별로 자세한 필터링을 할 수 있습니다. 각 영역마다 [+ 더보기] 버튼을 누르면 필터링 할 수 있는 더 많은 템플릿 들을 볼 수 있습니다. 특히 영어 게임 관련 프레젠테이션은 더 이상 손댈 필요 없이 잘 만들어져 있어서 그대로 수업시간에 사용해도 좋습니다.

이 중에서 색상별로 필터링하는 법을 실습해 보겠습니다.

형식	테마	제목	학년
☐ 프레젠테이션(16:9) (1.2만)	☐ 핑크 (2.1천)	☐ 마케팅 (1.2천)	☐ 유치원 2학년 (150)
☐ 프레젠테이션(4:3) (1.1천)	☐ 교육 (2천)	☐ 비즈니스 (980)	☐ 어린이집 (92)
☐ 프레젠테이션(모바일 최적화) (290)	☐ 일러스트레이션 (1.7천)	☐ 영어 (280)	☐ 3~6학년 (37)
	☐ 비즈니스 (5.5천)	☐ 과학 (170)	☐ 7~9학년 (9)
	☐ 워크숍 (200)	☐ 의학 (130)	☐ 10~12학년 (4)
스타일	☐ 마케팅 (3.2천)	☐ 디자인 (91)	
☐ 미니멀리스트 (4.4천)	＋ 더 보기	＋ 더 보기	색상
☐ 기본 (4.1천)			
☐ 모던 (6.4천)	기능	주제	
☐ 우아한 (1.9천)	☐ 애니메이션 (3.5천)	☐ 브랜드 (1.1천)	
☐ 창의적인 (2.4천)	☐ 동영상 (1.2천)	☐ 금융 (270)	
☐ 일러스트레이션 (1.7천)	☐ 오디오 (25)	☐ 디지털 마케팅 (270)	
＋ 더 보기		☐ 광고 (270)	
		☐ 관리 (230)	
		☐ 일반 과학 (170)	
		＋ 더 보기	

[색상]에서 메인 색상으로 사용하고 싶은 색을 선택합니다. 여기에서는 핑크를 선택했습니다. 그러면 핑크색이 들어간 템플릿만 보여주면서 템플릿의 개수가 나타납니다(계속 업그레이드되기 때문에 숫자는 조금씩 다르게 나올 수 있습니다). 캔바가 제공하는 20,000여 개의 템플릿을 다 뒤지기 보다는 이런 식으로 자신이 필터링하기 편한 형식을 골라 빠른 시간에 작업할 템플릿을 고르도록 합니다.

2. 재미있는 애니메이션 효과 만들기

템플릿을 하나 선택한 후 나타나는 화면에서 [이 템플릿 맞춤 편집] 버튼을 클릭하면 선택한 템플릿의 내용이 왼쪽 창에 보여지면서, 오른쪽 창에는 첫번째 페이지만 나타납니다. 만약 해당 템플릿 페이지를 전체 다 사용하려면 [모든 페이지에 적용]을 누르면 오른쪽 작업창에 모든 페이지가 자동 생성됩니다.

[애니메이션] 버튼을 클릭하면 왼쪽 창에 다양한 애니메이션 효과를 지정할 수 있는 메뉴가 나타납니다. 이제부터 각 페이지에 다양한 애니메이션 효과를 적용해보면서 적절한 것을 선택해서 사용할 수 있습니다.

페이지에 움직이는 효과뿐 아니라 글자나 요소에 움직이는 효과를 주고 싶다면 다음과 같이 작업합니다.

❶ 상단에 [애니메이션]을 클릭합니다.

❷ 움직이는 효과를 주고 싶은 글자나 요소를 선택합니다.

❸ 왼쪽 효과 창에서 [텍스트 애니메이션]을 선택 후 원하는 애니메이션 효과를 클릭합니다.

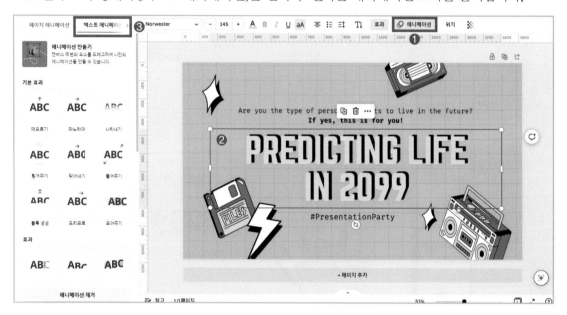

캔바에서 이미 만들어져 있는 애니메이션 기능들이 다양하고 많지만 나만의 움직이는 동선을 만들어 내는 방법도 있습니다.

❶ [애니메이션]을 선택합니다.

❷ 움직일 요소를 선택합니다.

❸ [요소 애니메이션]을 선택합니다([페이지 애니메이션]과 [요소 애니메이션]이 구분되어져 있으니 헷갈리지 않도록 합니다. [요소 애니메이션] 메뉴는 요소를 선택했을 때에만 나타납니다).

❹ [애니메이션 만들기]를 선택합니다.

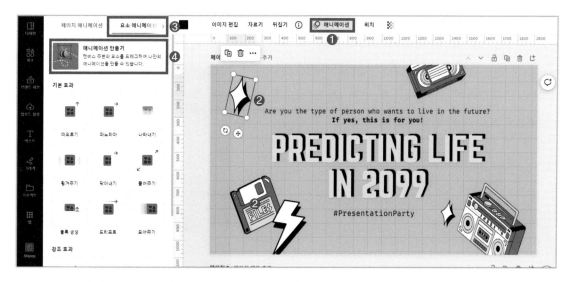

그러면 선택한 요소가 움직이는 동작을 임의로 만들 수 있습니다. 위 화면에서 반짝이 표시가 아래 화면처럼 움직이도록 만들어 보겠습니다.

❶ 보라색 점선이 제가 만든 이동 동선입니다. 가로로 직선으로 가게 하려면 키보드의 Shift 키를 누른 채 이동시키면 됩니다. 아래로 내려올 때는 동그란 곡선을 그리며 내려온 뒤 또 Shift 키를 눌러서 직선으로 이동하게끔 했습니다.

❷ 이 효과를 적용할 때 상단에 애니메이션 이름은 [맞춤형]이라고 나옵니다.

❸ 움직이는 스타일을 [원본]으로 그대로 두면 움직임이 뭔가 좀 투박하고 둔탁합니다. 따라서 [부드러움]을 선택해서 자신이 원하는 움직임이 나오는지 체크해 봅니다.

❹ [스피드]도 슬라이드 바를 움직여 조절할 수 있습니다.

❺ 만족스러운 움직임이 나왔다면 [완료] 버튼을 누릅니다.

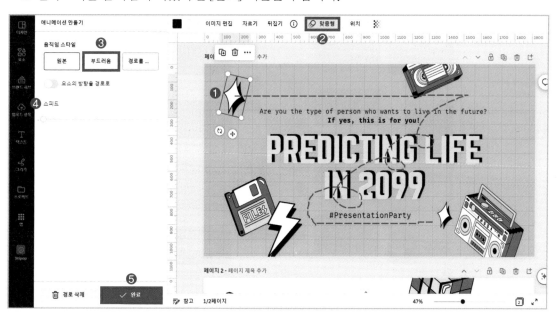

3. 복잡한 차트, 도표 더 이상 무섭지 않다

차트를 만드는 법은 두 가지가 있습니다. [요소]에서
아래로 드래그하여 조금 내려가 보면 [차트]−[모두 보
기]해서 차트를 가져올 수 있습니다.

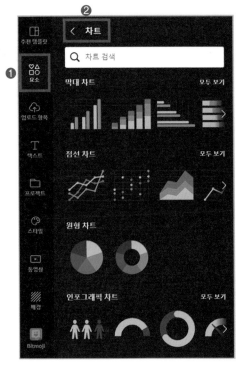

두 번째는 프레젠테이션 템플릿 중 이미 만들어진 템플릿에 있는 차트를 변형하는 법이 있습니다.

❶ [프레젠테이션] 템플릿을 검색합니다.

❷ [스타일]−[인포그래픽]으로 필터링하면 차트가 많이 들어있는 템플릿만 남게 됩니다.

❸ 원하는 차트가 포함되어 있는 템플릿을 선택합니다.

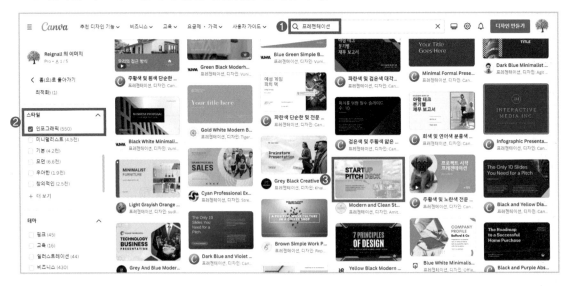

파이 도표뿐 아니라 막대 도표도 있는 걸 볼 수 있습니다.

파이 도표를 선택하면 관련된 기능툴들이 나타납니다.

❶ 차트의 메인 색상을 바꿀 수 있습니다. 메인 색상이 바뀌면 나머지 색상은 최적의 색상으로 자동 생성됩니다.

❷ 차트의 수치를 나타내는 서체를 바꿀 수 있습니다.

❸ 서체 크기를 바꿀 수 있습니다.

❹ 서체 색상을 바꿀 수 있습니다.

❺ 동그란 파이 차트가 아닌 다른 종류의 차트로 바꿀 수 있습니다.

❻ 차트에 들어갈 아이템 명을 여기에 넣으면 됩니다.

❼ 차트 데이터 수치를 여기서 변경하면 오른쪽 차트가 자동으로 변경됩니다.

❽ 엑셀이나 구글시트에서 작업한 문서를 바로 업로드하여 차트로 만들 수 있습니다.

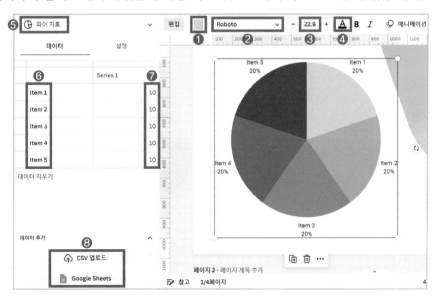

원하는 형태의 차트를 클릭하면 바로바로 차트 모양이 바뀝니다.

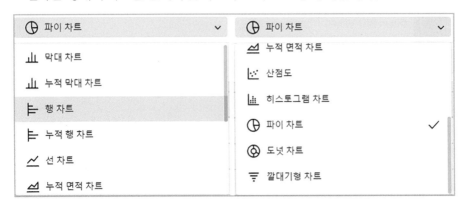

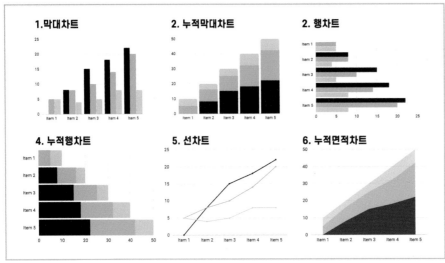

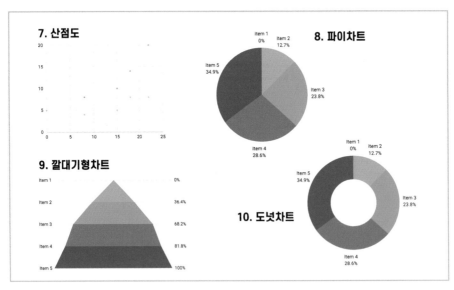

어떤 형태의 차트든 클릭 한 번으로 만들 수 있으니 이제 차트 만들 때 겁낼 필요 전혀 없답니다.

인포그래픽 차트 만들기

인포그래픽 기능을 이용해서 차트를 만들어 보겠습니다. 인포그래픽 차트는 통계를 시각화하는데 있어 아주 유용하게 사용할 수 있습니다. [요소]에서 [차트]를 찾은 뒤 [인포그래픽 차트]-[모두 보기]를 클릭합니다.

만약 '77명의 사람들 중 46명이 자가 소유 집을 가지고 있다'를 시각화 해야 한다면 이렇게 인포그래픽 차트를 만들 수 있습니다.

❶ 집 모양의 픽토그램을 선택합니다.

❷ 77명의 사람은 [총 항목수]로 나타냅니다.

❸ 자기 소유의 집을 가지고 있는 46명은 [항목 채우기]로 나타냅니다.

❹ 원하는 색상으로 변경합니다.

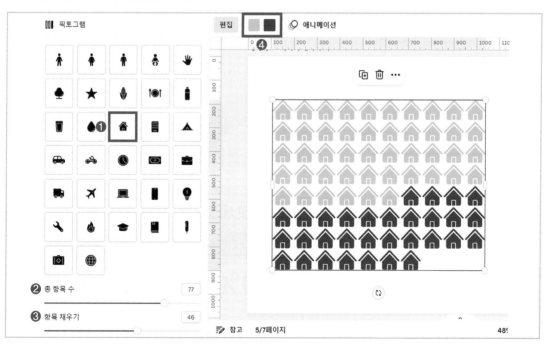

위와 같은 원리로 다양한 인포그래픽 차트를 만들어 보았습니다.

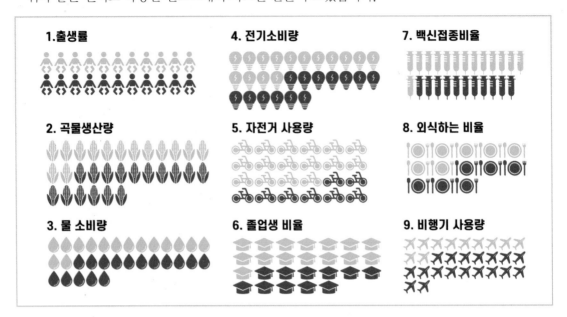

작업 진행 차트 만들기

작업 진행 정도를 표시하는 차트도 만들 수 있습니다. 백분율을 보이게도 할 수 있고, 체크를 하지 않으면 보이지 않게도 할 수 있습니다. [둥근 모서리]를 체크하지 않으면 딱딱한 모서리가 되지만, 체크를 하면 둥근 모서리로 바뀝니다. 선 두께도 두껍고 얇게 설정할 수 있습니다.

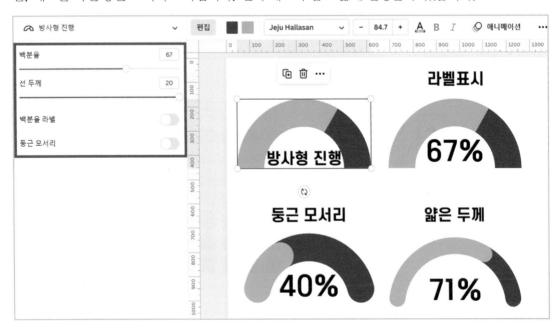

방사형 진행, 진행표시줄, 진행표시 다이얼, 진행표시링 이렇게 4가지 형태로 나타낼 수 있습니다. 과제나 작업 등이 어느 정도 진행되었는지 표시할 때 캔바에서 이러한 차트를 사용하면 손쉽게 시각화를 시킬 수 있습니다.

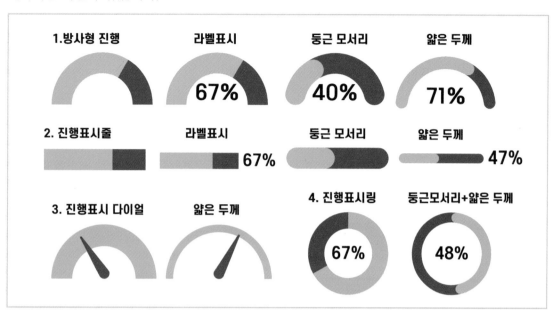

4. PPT로 초간단 영상 앨범 만들기

캔바를 이용하면 가족영상 앨범, 여행 앨범, 졸업입학 앨범 등을 쉽게 만들 수 있습니다. 단지 선택한 템플릿에 사진만 바꾸면 뚝딱 만들 수 있습니다. GIF로 저장하면 움직이는 움짤 이미지로 나오고, MP4로 저장하면 음악이 재생되는 동영상으로 만들 수 있습니다. 이처럼 저장 방식만 바꾸면 다양한 종류의 작품을 만들 수 있습니다.

[프레젠테이션] 템플릿에서 작업을 해도 되지만 다양한 사용법을 보여드리기 위해 아래 화면에서 [동영상]에서 시작해 보겠습니다. [동영상]을 클릭하면 다양한 종류의 동영상 형태가 나타나는데, 이중 [슬라이드쇼 동영상]을 선택하면 여러 페이지가 있는 동영상 템플릿으로 시작할 수 있습니다. 만약 [슬라이드쇼 동영상]이 보이지 않으면 삼각 화살표 모양 ⓘ 을 클릭해서 찾으면 됩니다.

왼쪽에서 원하는 템플릿 하나를 선택합니다. 이때 삼각형 플레이 버튼 ▶ 이 있는 템플릿은 한 장만 있는 동영상이므로 이를 제외한 나머지 템플릿을 선택하면 여러 페이지가 있는 템플릿을 고를 수 있습니다.

동영상 작업창은 아래에 타임라인을 볼 수 있는 창이 하나 더 뜹니다.

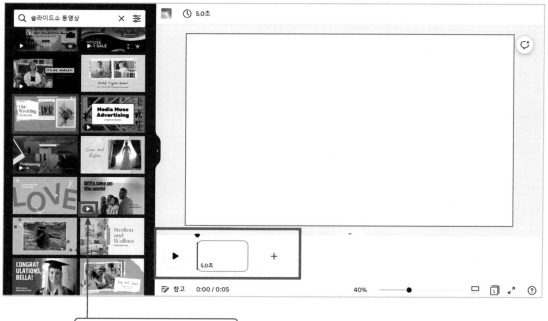

한 개만 있는 동영상입니다.

[모든 페이지에 적용]을 클릭하면 아래 타임라인에 템플릿의 모든 페이지가 그대로 들어가는 것을 볼 수 있습니다. [템플릿 스타일]을 누르면 현재의 톤앤 매너를 다른 스타일의 색상과 서체를 가진 톤앤 매너로 바꿀 수 있습니다.

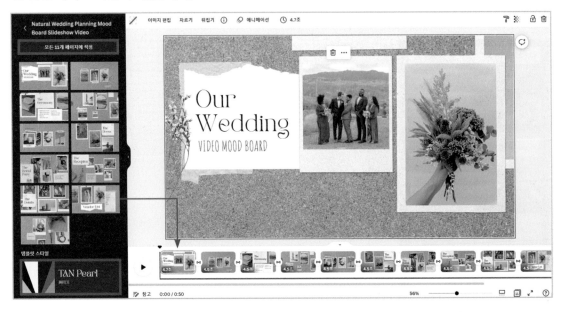

이제 템플릿에 들어있는 사진 대신에 여러분 핸드폰에 있는 사진을 가져와 넣어보도록 하겠습니다. 좌측 기능선택툴 메뉴의 [앱]에서 'Google 포토'를 검색해서 클릭한 후 자신의 구글 계정과 연결하면 기능선택툴 메뉴에 등록되면서 구글 포토 사진이 모두 뜨게 됩니다.

아래의 꽃 사진들은 캔바에 있는 사진이 아니라 제 핸드폰으로 찍은 사진이 그대로 구글 포토와 연동이 되어 나타나는 사진입니다.

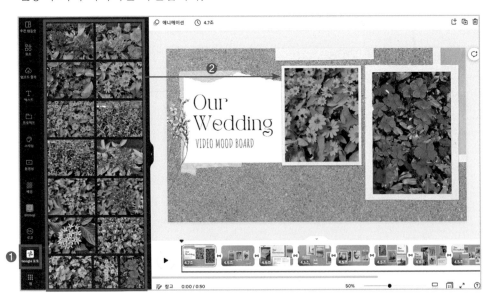

이처럼 가족여행 했던 사진이나 입학식, 졸업식 또는 자연풍경 등의 사진을 Google 포토에서 바로 가져와서 캔바 템플릿에 있는 사진에 대체하여 넣기만 하면 손쉽게 영상 앨범을 뚝딱 만들 수 있습니다.

영상 음악 바꾸기

❶ 선택한 템플릿 중 보라색 띠가 있는 것은 음악이 들어가 있는 것을 뜻합니다. 이 음악이 마음에 들지 않는다면 자신이 원하는 음악을 찾아 바꿔주면 됩니다.

❷ [요소]를 클릭합니다.

❸ [오디오]를 클릭합니다.

❹ 원하는 음악 종류를 검색어로 찾습니다.

❺ 또는 이미 만들어져 있는 검색어 키워드 중 하나를 선택해도 됩니다.

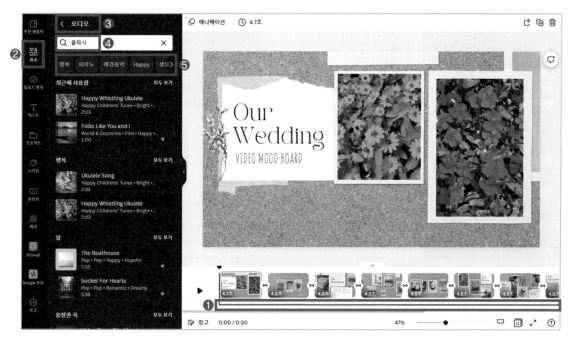

❶ [클래식]이란 키워드로 검색한 결과입니다.

❷ 클래식에 대해 더 세밀한 키워드가 다양하게 나타납니다.

❸ 맨 앞 썸네일 부분을 클릭하면 미리듣기를 할 수 있습니다. 마음에 드는 음악을 클릭하면 바로
   음악창으로 음악이 들어갑니다.

❹ 보라색 띠는 원래 템플릿에 깔려있던 음악입니다.

❺ 하늘색 띠는 금방 선택한 클래식 음악입니다.

❻ 두 개의 음악은 필요 없기 때문에 보라색 띠를 클릭한 뒤 오른쪽 마우스를 눌러 [삭제]를 합
   니다.

장면전환 효과 넣기

전체 페이지에 같은 장면전환을 넣어도 되고, 페이지가 바뀔 때마다 장면전환 효과를 넣을 수도 있습니다. 왼쪽 창의 디졸브 효과를 비롯해서 여러 효과들을 클릭해보면서 마음에 드는 장면전환 효과를 찾을 수 있습니다.

영상앨범 공유하기

영상앨범을 만든 뒤 다른 가족이나 친척, 친구들에게 공유하고 싶을 때 여러 가지 방법이 있지만 제일 간단한 방법은 바로 [보기 전용 링크]를 보내는 겁니다. 이 기능을 이용하면 캔바에 가입하지 않은 사람들도 보내준 링크를 클릭하면 누구든지 영상앨범을 볼 수 있습니다.

방법은 [공유]-[보기 전용 링크]-[복사]를 선택한 뒤 카톡이나 이메일 또는 문자로 링크를 보내면 됩니다.

5. 일타 강사로 만들어주는 캔바 PPT 필살기

여러분 중 혹 발표하는 게 자신이 없거나, 할 말을 잃어버리는 경우가 걱정이라면 이 기능으로 일타 강사처럼 말 잘하는 발표자가 될 수 있습니다. 바로 [발표자 보기] 기능인데요. 매 슬라이드마다 아래에 [참고] 란이 있습니다. 이곳을 클릭하면 왼편에 글씨를 쓸 수 있는 빈칸이 나오는데 이곳에 페이지를 발표할 때 필요한 원고를 넣으면 됩니다.

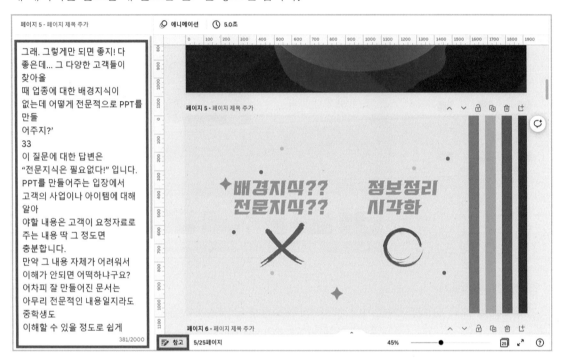

창 맨 위 [프레젠테이션]을 누르면 다양한 발표 방식이 나옵니다.

❶ 제일 일반적인 방식으로, 발표자가 슬라이드 페이지를 넘기면서 발표할 수 있습니다.

❷ 발표자용, 수강생용 두 개의 창이 뜹니다.

❸ 자신이 만든 프레젠테이션을 발표하면서 바로 녹화를 할 수 있습니다. 캔바에서 녹음한뒤 바로 유튜브에 올릴 수 있습니다.

❹ 자동 재생되는 기능입니다.

발표 양식을 선택 후 맨 아래 [프레젠테이션] 버튼을 클릭
하면 프레젠테이션이 시작됩니다.

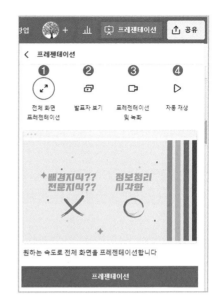

여러분이 만들어둔 원고를 보면서 발표하려면 [발표자 보기]를 선택하면 다음과 같이 두 개의 창
이 뜨게 됩니다. [청중 창]을 학생들이 볼 수 있는 모니터에 띄우고, 발표자는 아래에 있는 원고가
보이는 창을 자신의 모니터에 나타나게 하면 됩니다.

캔바에서 만든 영상 바로 유튜브로 연결하기

유튜브를 운영하는 많은 사람들은 무료 음원을 찾아 발품을 많이 팔거나, 이리저리 헤매는 것이 귀찮아 음원 구매를 위해 큰 돈을 쓰기도 합니다.

캔바 유료 사용자들은 자신의 계정을 한 번만 연결시켜 두면 캔바의 방대한 음악을 모두 사용할 수 있습니다.

1. [공유]에서 [MP4 동영상] 파일 형식을 선택합니다.
2. [소셜계정 연결]에서 자신의 계정을 선택합니다.

자신의 연결된 계정을 확인 후 [다운로드] 받습니다. 이렇게 자신의 계정과 연결시키지 않고 유튜브에 업로드하게 되면 음악 저작권 때문에 제재를 받으니까 꼭 이렇게 연결시켜 음원 걱정없이 사용하기 바랍니다.

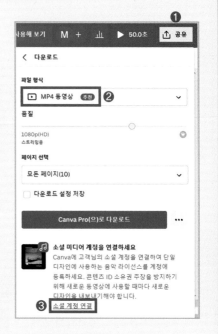

광고주가 PPT 파일로 저장하여 달라고 할 때

저는 캔바에서 PPT 작업한 뒤 USB에 담거나 할
필요 없이 다른 장소에 가서도 바로 제 아이디로
캔바 로그인한 뒤 PPT를 열어서 발표합니다. 하
지만 PPT를 의뢰받아 디자인하게 되면 의뢰인에
게 결과물을 줄 때 파워포인트 PPT 저장 파일로
줘야 합니다. 캔바에서 파워포인트 PPT로 저장
하는 법을 알아보도록 하겠습니다.

[공유]에서 [PPTX]를 선택한 뒤 저장하면 됩니다.

05 : 달러로 연금 벌게 하는 디지털 파일 만들기

디지털 파일의 종류는 너무 많은데, 이 책에서는 종이로 출력해서 사용할 수 있는 디지털 파일 만들기에 대해서만 알아보도록 하겠습니다.

종이로 출력해서 판매할 수 있는 것 중 인기있는 종류는 포스터, 플래너, 캘린더, 이력서, 워크시트지 등등이 있습니다.

우리나라는 문구류나 팬시 제품이 너무 잘 발달되어 있습니다. 집 앞이나 마트 또는 서점에서 저렴한 비용으로 예쁘고 다양한 다이어리, 플래너 등을 마음껏 고를 수 있습니다. 캘린더는 매해 여기저기서 사은품 명목으로 공짜로 받을 수 있기 때문에 굳이 돈 주고 살 필요가 없지요. 아이들을 위해 부모님이 힘들게 워크시트지를 만들지 않아도 이미 서점에는 너무나 잘 만들어진 학습용 책이 넘쳐납니다. 그래서 이런 종류의 디지털 파일을 만들어 판매한다는 게 왠지 뜬구름 잡는 소리처럼 들릴 수 있는데요.

미국과 같은 서구권은 땅덩어리가 넓다 보니 우리나라처럼 택배 문화가 잘 발달되어 있지 않기 때문에 플래너를 주문하고 받으려면 엄청난 시간이 걸립니다. 그래서 플랫폼에서 디지털 파일을 산 뒤 바로 출력해서 사용하는 문화가 오히려 더 크게 발달되어진 것 같습니다. 특히 입학이나 개학 시기가 되면 디지털 파일 판매량이 엄청납니다.

특히 파티 문화가 발달한 서구권에서는 카드 주고받는 게 너무나 당연해서 우리 생각에는 아주 사소하게 여겨지는 일에도 카드를 주고 받습니다.

우리는 카톡으로 이모티콘 남기면 끝낼 수 있는 일도 일일이 다 카드를 보냅니다. 그래서 여러분이 포기하지 않고 꾸준히 달러를 벌 수 있는 일을 하고 싶다면 디지털 파일 판매에 꼭 도전해 보세요. 단, 제일 중요한 건 우리나라 시장만 보는 시각이 아닌, 디지털 파일을 필요로 하는 세계인들의 시각으로 관점이 바뀌어져야만 할 수 있는 일이란 걸 명심하세요.

디지털 파일을 만들 때 주의할 점은 예쁘고 멋있게 꾸미는 것보다는 이 제품의 목적에 맞게 제작하는 게 중요합니다. 플래너나 워크시트지는 고객이 출력 후 글을 써야 하기 때문에 알록달록한 색상이 많기 보다는 실용성에 중점을 두고 작업해야 합니다. 그리고 어린이를 위한 워크시트지는 아이의 연령에 맞는 이미지 선택과 함께 최대한 따라하기 쉽게 만들어야 합니다.

디지털 파일은 최대한 기본에 충실하게 만드는 게 관건입니다.

1. 플래너 만들기

플래너는 보통 세트로 만들어집니다. 그래서 만들 때 통일성 있게 만들어야 합니다. 아래 예시 플래너는 플래너의 실용적인 부분에 최대한 충실하게 만든 작품입니다.

다음 페이지에 있는 플래너는 학교 생활에 필요한 내용을 묶어서 세트를 만들었습니다. 이렇게 세트로 만들기 위해서는 세 가지를 통일시키면 됩니다.

❶ 서체
❷ 색상
❸ 주요 이미지 요소

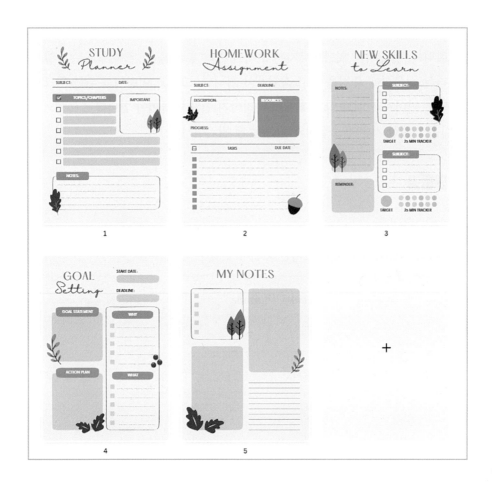

페이지마다 서체를 다르게 하면 어지러울 수 있으므로, 서체는 최대 2가지 이상 넘기지 않도록 합니다. 색상도 같은 색상으로 통일시키고요. 마지막으로 나뭇잎, 또는 귀여운 고양이, 추상적인 문양 등등 통일된 그래픽 이미지를 넣어주면 됩니다.

여러분이 템플릿을 사용하지 않고 직접 플래너를 만들 때 필요한 툴 사용법을 알아보도록 하겠습니다.

사이즈는 다양하게 많지만 실습은 우리나라에서 제일 기본형인 A4 사이즈로 하겠습니다. [디자인 만들기]에서 [A4 문서]를 선택합니다.

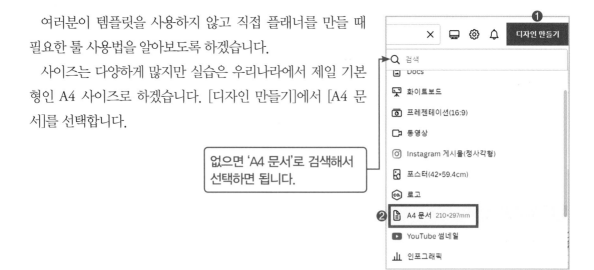

없으면 'A4 문서'로 검색해서 선택하면 됩니다.

[디자인]-[플래너]-[템플릿]를 검색하면 많은 양식들이 나타나게 됩니다. 또는 '플래너 표지', '위클리 플래너', '월간 플래너' 등 이미 생성되어져 있는 키워드 중 골라도 됩니다. 오른쪽 화살표를 클릭하면 더 많은 키워드들을 볼 수 있습니다.

플래너는 도표나 선이 많기 때문에 일일이 만들기 귀찮을 수 있습니다. 그래서 내가 만들고 싶은 도표나 선의 개수가 딱 맞는 템플릿 양식이 있으면 선택한 뒤 색상이나 서체 그리고 그래픽 이미지만 바꿔주면 됩니다. 하지만 사용 목적에 맞는 템플릿이 없다면 여러분이 직접 도표를 만들어야 합니다. 너무 겁먹지 마시고요. 일반 문서에서 도표 만들기보다 훨씬 간단하답니다.

[요소]에서 조금만 아래로 내려가서 [표]-[모두 보기]를 선택합니다. 그러면 다섯 가지의 색상으로 만들어진 3가지 타입의 도표들이 나타납니다. 이중 어느 것이나 선택한 뒤 도표 개수를 늘리거나 줄일 수 있으며, 색상을 바꿀 수도 있습니다.

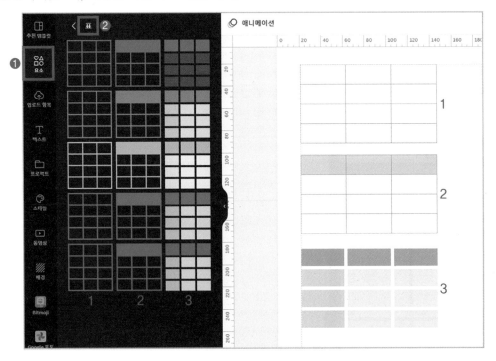

❶ 여기를 눌러 [열]의 추가, 삭제, 이동, 병합 등 수정할 수 있습니다.
❷ 여기를 눌러 [행]의 추가, 삭제, 이동, 병합 등 수정할 수 있습니다.

복제, 셀 병합, 삭제, 행 간격 맞추기 등 하나씩 클릭해보면 어렵지 않게 만들고 싶은 도표의 형태를 금방 완성할 수 있습니다.

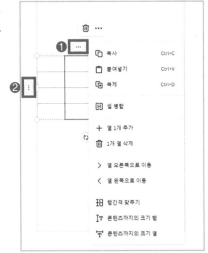

오른쪽 같은 도표가 만들어진 상태에서 왼쪽처럼 주간 플래너 도표를 만들어 보겠습니다. 요일 넣는 칸이 작기 때문에 선을 클릭한 뒤 원하는 크기까지 잡아당겨 주면 됩니다.

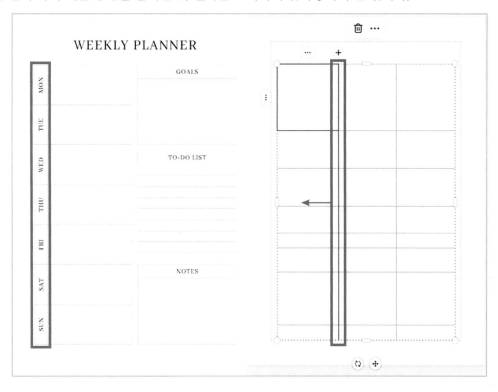

도표 행 간격이 제각각이므로 행 간격을 동일하게 할 부분을 다중 선택한 다음, 마우스 오른쪽 버튼을 클릭한 뒤 [행간격 맞추기]를 하면 됩니다. 다중 선택을 하려면 Shift 키를 누른 채 차례대로 선택하면 됩니다.

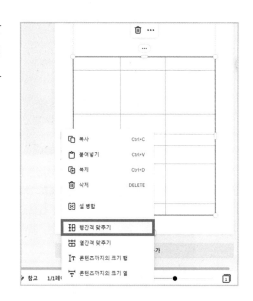

요일 넣을 칸도 만들고 행 간격도 맞췄습니다. 그런데 필요 없는 열이 한 줄 있어서 삭제를 해야 합니다. 점세개(⋯) 부분을 누르든지 또는 마우스 우클릭 버튼을 눌러 나타난 메뉴에서 [1개 열 삭제]를 누르면 됩니다.

도표 테두리 색상을 바꾸고 싶은 경우, 도표를 선택한 뒤 메뉴 선택 창에서 격자 무늬를 선택하면 테두리에 색상이 들어갈 부분을 선택할 수 있습니다. 맨 위, 맨 아래, 바깥 테두리, 왼쪽, 오른쪽 등등 부분적으로만 색상을 넣을 수 있습니다.

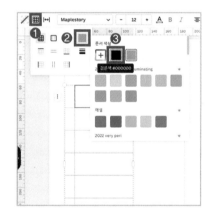

이제 템플릿처럼 목표를 적을 수 있는 칸을 만들어 보겠습니다. [요소]에서 [도표]를 가져와서 만들어도 되지만 다른 예시를 보여드리기 위해 [선 및 도형]을 선택해서 만들어 보았습니다.

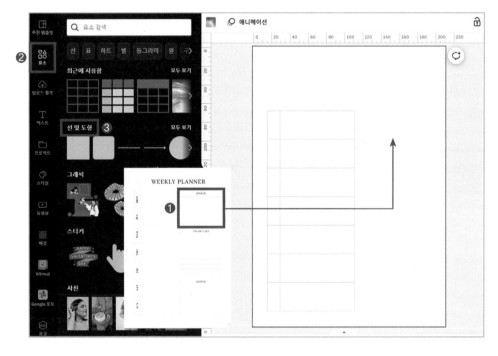

[선 및 도형]에서 사각형 도형을 선택한 뒤

❶ [면 색상]은 없음을 선택합니다.

❷ 테두리 색상을 선택합니다.

❸ 테두리 굵기와 모양을 선택할 수 있습니다.

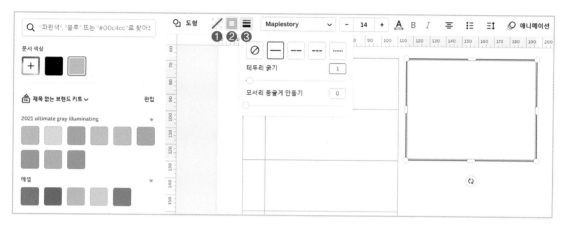

네모 도형 안에 선 긋기를 합니다.

❶ [요소]−[선 및 도형]을 선택합니다.

❷ 선 하나를 선택합니다.

❸ 선의 색상과 두께를 정해줍니다.

❹ 가로선이 만들어졌습니다.

방금 만든 사각 박스를 선택한 후 ⎡Alt⎤ 키를 누른 채 드래
그하여 복제합니다. 이어서 원하는 자리에 배치합니다.

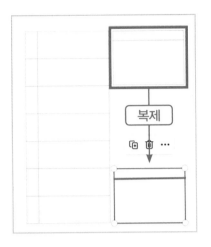

　중간에 선을 마저 만들고 통일된 서체와 간단한 이미지를 넣어서 주간 플래너를 완성하였습니다. 왼쪽은 캔바에 있는 템플릿이고 오른쪽은 변형하여 만든 나만의 작품입니다. 왼쪽에 있는 템플릿의 도표와 선을 그대로 가져와서 여러분이 마음껏 꾸미기를 해도 되고, 처음부터 템플릿을 사용하지 않고 원하는 모양으로 만들어도 됩니다.
　캔바의 [요소]에 있는 [도표]와 [선 및 도형]을 이용하여 다양한 플래너를 만들어 보세요.

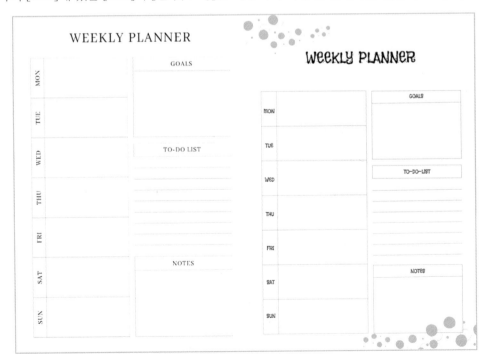

플래너에 사용한 그래픽 무늬의 원래 모양은 왼쪽처럼 색상이 들어가 있었는데 색상 창을 선택한 뒤 모두 단색으로 바꾸었습니다.

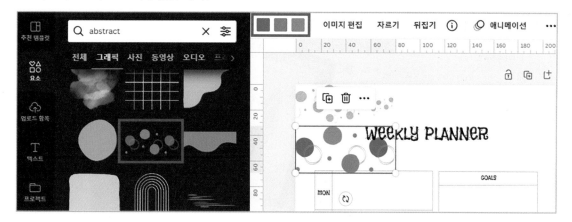

여기서 잠깐!

저작권 확실히 알고 가세요

판매 목적으로 만들어지는 디지털 파일에 들어가는 이미지들은 마음대로 사용해도 되는지 그리고 어디까지 허용이 되는 건지 살펴보겠습니다. 앞에서 플래너를 만들 때 사용했던 이미지로 예를 들어 보겠습니다. 이미지를 선택한 뒤 활용 창에서 인포메이션의 약자인 ①를 선택하면 이 이미지에 사용된 키워드와 제목을 볼 수 있습니다. 여기서 다시 ①를 선택하면 정확한 저작권 정보를 볼 수 있습니다.

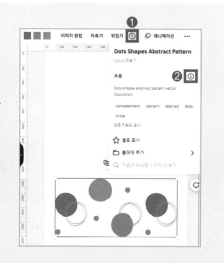

다음 페이지에 있는 그림에 대한 설명입니다.

❶ 이 요소를 개인 용도뿐 아니라 상업적으로 사용할 수 있습니다.
❷ 판매를 목적으로 한 디지털 파일을 만들 때도 사용할 수 있습니다.
❸ 캔바에 있는 요소 하나만 단독적으로 사용할 수 없습니다. 색상을 바꾸거나 다른 요소와 조합해서 함께 사용하는 등 가공을 해서 사용해야 합니다.
❹ 캔바에 있는 요소를 사용해서 상표 등록을 할 수 없습니다. CI 또는 BI를 만들 때 상품 등록하는 경우가 많은데 이럴 때는 캔바의 요소를 사용할 수 없습니다.

다시 정리를 하자면 캔바에 있는 이미지를 하나만 달랑 사용하지 않고 가공하거나 결합해서 사용하는 건 상업적으로도 사용할 수 있습니다.

2. 캘린더 만들기

'캘린더'를 검색해보면 1년 12달이 한꺼번에 보이는 포스터 형태를 비롯해서 탁상용, 메모 기록용 등 다양한 캘린더 템플릿이 나옵니다.

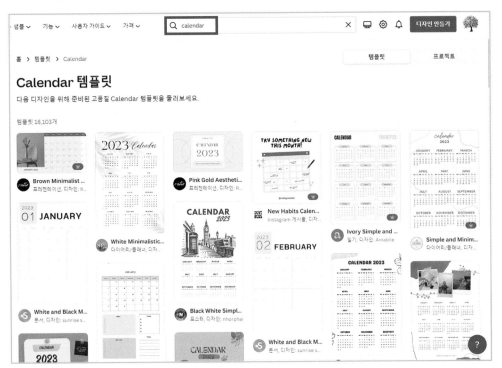

이중 가장 심플한 템플릿을 하나 골랐습니다. 해마다 캘린더를 새로 만드는 게 귀찮아서 아예 년 도와 날짜가 없는 캘린더를 만들어 보겠습니다.

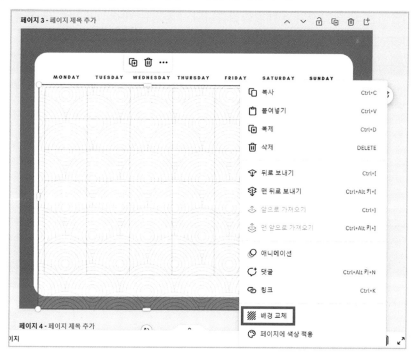

도표는 따로 만들지 않고 템플릿을 그대로 사용하였습니다. 여기서 필요 없는 숫자는 다 삭제하고 요일과 도표만 남겨둡니다. 배경 색상을 보라색으로 지정합니다. [요소]에서 동그라미 무늬를 검색해서 가져온 뒤 마우스 우클릭해서 배경 교체를 클릭합니다.

[요소]에서 모서리가 둥근 사각형을 선택한 뒤 흰색을 선택합니다. 이어서 [위치] [맨 뒤로]를 선택하여 보내기 합니다.

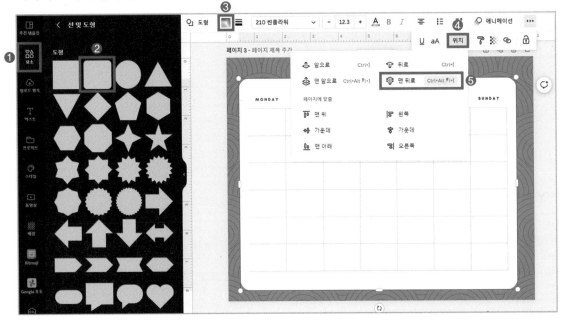

배경색과 어울리는 꽃을 가져와서 배치하였습니다. 2월달은 배경색만 다르게 설정한 뒤 역시 배경색과 동일한 꽃으로 꾸미기를 하였습니다.

1페이지에 있는 템플릿을 하나 가져와서 이렇게 매달마다 색상을 달리한 캘린더 조합을 만들어 보았습니다.

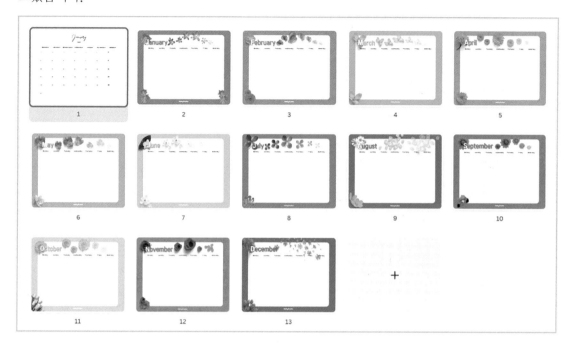

3. 컬러링북 만들기

컬러링북도 종류가 다양한데, 그중 잘 팔리는 인기있는 컬러링북 두 종류만 만들어 보겠습니다.

긍정 확언 컬러링북

'넌 할 수 있어', '넌 똑똑해', '넌 참 멋져' 등 칭찬하는 말을 넣어 만드는 컬러링북으로, 어린이 대상뿐 아니라 어른들을 위한 컬러링북으로도 인기가 많은 분야입니다.

색칠이 가능한 꽃무늬 패턴을 찾아서 배경에 깔아준 뒤 칭찬하는 글귀를 올려줍니다. 배경을 꽃이 아닌 다른 패턴으로 바꿔서 계속 무한대로 만들어 나갈 수 있습니다.

[요소]에서 '꽃패턴'으로 검색한 뒤 [그래픽]에서 색칠하기에 적합한 이미지를 찾아 클릭합니다.

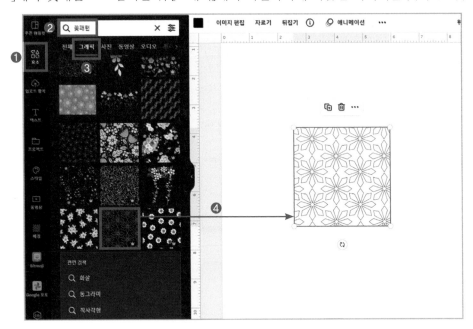

　　꽃무늬 하나를 전체 페이지 배경으로 깔면 너무 크기 때문에 복제를 한 뒤 여러 번 이어붙이기를 하였습니다.

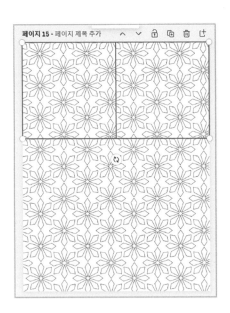

　　꽃무늬 배경 위에 긍정 문구를 넣은 뒤 색칠을 할 수 있게 서체에 효과를 넣었습니다. [할로우] 효과는 속이 비게 하기 때문에 대부분 이 효과를 선택하는 실수를 저지릅니다. 왜냐하면 속이 투명해서 밑에 있는 배경 이미지가 그대로 다 올라오기 때문이죠. 그래서 [할로우] 대신 다른 글씨 효과를 넣어 보겠습니다.

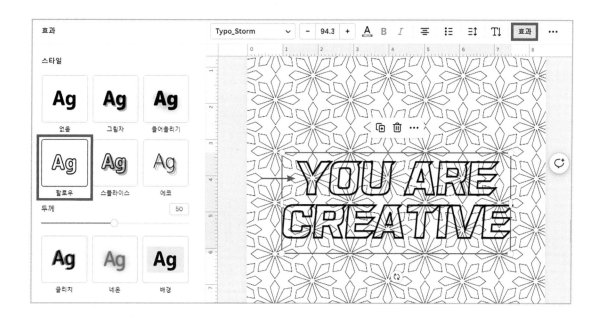

[효과]에서 [스플라이스] 효과를 주었습니다. 그런데 글자 테두리와 글자 안 색상이 서로 어긋나게 떨어져 있고 색상도 흰색이 아닌 회색입니다. 두께도 너무 얇고요.

하지만 [할로우] 효과가 아닌 [스플라이스] 효과를 줘야 우리가 원하는 모양으로 수정할 수 있습니다.

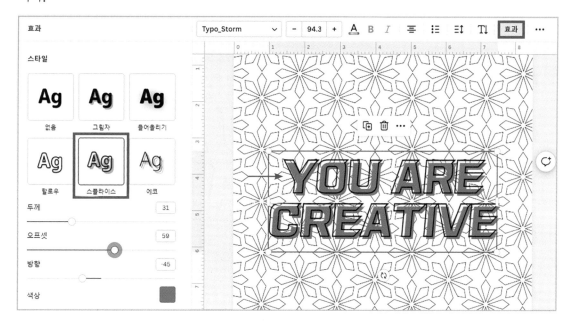

두께 슬라이드를 조정해서 색칠하기 편하게 두껍게 해줍니다. '오프셋'은 반드시 '0'을 해줘야 테두리와 글자 안의 색상이 딱 붙게 됩니다. 이어서 글자 안의 색상을 흰색으로 설정하면 우리가 원하는 모양을 얻을 수 있습니다.

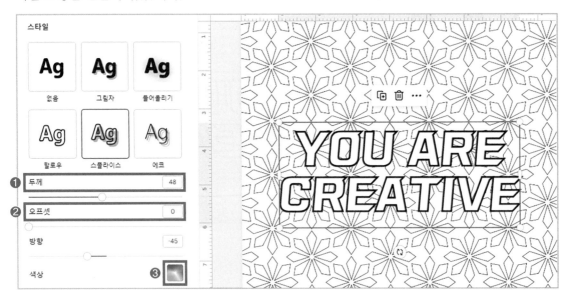

제일 간편하게 만들 수 있는 방법은 글자 선택 후 [효과]-[테두리]를 선택한 다음, 테두리 색상은 검정, 글자 색상은 흰색을 선택합니다.

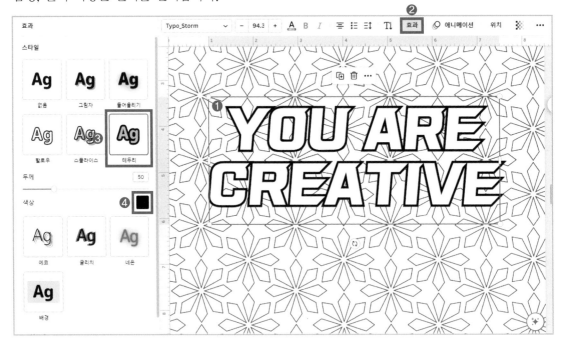

위와 같은 식으로 배경과 글씨를 바꿔가면서 계속 컬러링 할 수 있는 페이지를 만들어 낼 수 있습니다.

액티비티 컬러링북

부활절, 발렌타인 데이, 성탄절 등등 절기를 나타내는 요소들을 찾아서 배치하여 멋진 컬러링북을 만들 수 있습니다. 아이들 영어 공부나 숫자 공부에 필요한 이미지를 찾아서 만든 컬러링북 또한 인기가 많습니다.

30분 만에 AI가 만든 60페이지 컬러링북

요즘 AI가 대신 글을 써주고, 그림도 대신 그려주는 프로그램이 인기인 거 다 아시죠? 그중에서 '미드 저니' 라는 AI를 사용하여 아래 이미지를 제작하였습니다.

바닷속 생물을 주제로 총 60장의 컬러링 페이지를 만들었는데요. 원하는 이미지 키워드를 넣어주면 AI가 이렇게 다 만들어 준답니다. 캔바에서도 AI로 그림을 그려주는데 이 기능은 뒤편에서 좀 더 자세히 다루도록 하겠습니다.

4. 워크시트지 만들기

워크시트지는 만드는 과정샷을 보여드리지 않아도 이제껏 배운 실력으로 얼마든지 응용해서 만들 수 있습니다. 종류가 다양하기 때문에 영어, 수학, 음악 등 여러 분야를 다 하려면 집중도와 완성도가 떨어질 수 있으니 자신이 즐기면서 행복하게 만들 수 있는 분야를 선택해서 도전할 것을 추천 드립니다.

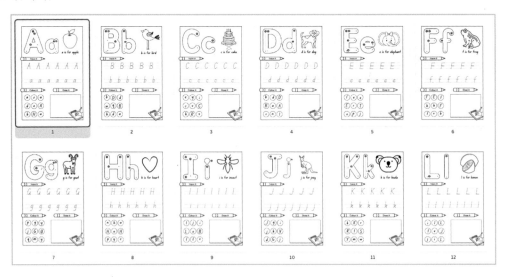

PPT 템플릿을 고를 때 배웠던 필터링을 적용해서 학년별, 과목별, 주제별 등으로 나누어 필요한 분야의 워크시트지를 만들어 보세요. 워크시트지는 판매용뿐 아니라 학교나 학원 강사, 그리고 내 아이들에게도 유용하게 사용할 수 있어서 아주 유용합니다.

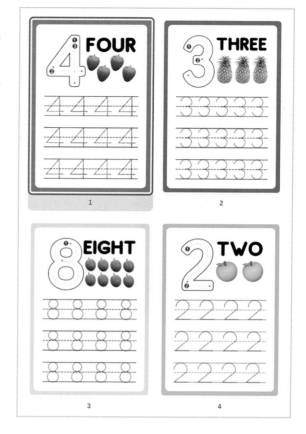

5. 포스터(Wall Art) 만들기

디지털 파일용 포스터는 거실이나 화장실 또는 안방 등에 걸어두는 용도입니다. 특히 서구는 건식 화장실이라 포스터를 액자에 넣어 장식을 많이 합니다. 우리는 보통 거실에 액자를 걸어둘 때 유명한 화가의 작품이나 대단한 예술 작품을 생각하는데, 디지털 파일로 판매되는 포스터는 대부분 심플하고 위트 있는 작품들이 인기가 많습니다.

그중 용기와 희망을 북돋아 주는 문구가 적혀있는 포스터를 만들어 보겠습니다.

단순히 'You are so loved' 라는 문구를 타이핑해서 그대로 판매해도 되고요. 너무 간단해서 좀더 성의를 보이고 싶다면 알파벳 'O'를 대신해서 하트를 넣어보았습니다.

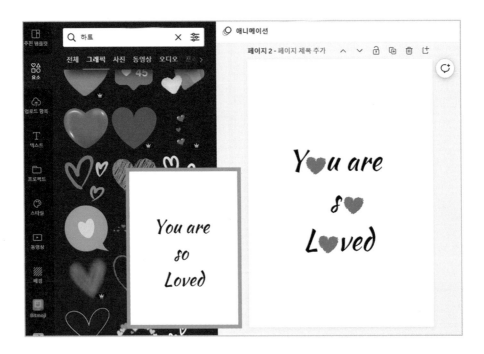

알파벳 'O' 대신에 꽃을 넣어도 보고, 동그란 해를 넣어도 보았습니다. 서체를 바꿔 보기도 해 보세요. 한 문장으로 10분 만에 포스터를 여러 장 뚝딱 만들 수 있습니다.

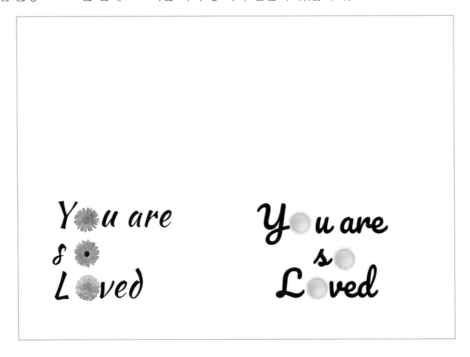

그럼 이 작품을 액자에 넣었을 때 어떤 느낌일지 한번 볼까요? 간단하게 글자를 타이핑 한 뒤 포인트만 하나 줬을 뿐인데도 멋진 작품으로 보이지 않나요? 이런 목업 작업을 거치면 내 작품을 한 층 더 빛이 나게 할 수 있습니다.

내 작품을 빛나게 해주는 비밀병기 목업 파일 만들기

목업(Mockup)의 사전적인 의미는 실물 모형이나 샘플을 뜻하는 영어입니다. 실제 세팅한 것처럼 보이게 만드는 예시 사진이라고 보면 됩니다. 고객들에게 내 작품을 보여줄 때 액자에 넣었을 때 어떤 느낌일지 실물에 적용한 걸 보여주면 좋겠죠? 하지만 일일이 액자를 사서, 분위기 있는 배경을 연출한 뒤 사진을 찍는다면 많은 시간과 비용이 들어가겠죠. 그래서 가상으로 목업 파일에다 내가 만든 작품을 넣어서 현실감 있게 보여주는 겁니다.

캔바를 알기 전에는 무료 목업 사이트를 찾아 열심히 헤매고 다녔는데요. 이제는 캔바가 있어서 이런 고생을 안 해도 된답니다.

캔바에서 목업 작업하는 세 가지 방법을 보여드리겠습니다.

❶ [요소]에서 목업 종류 찾기

[요소]에서 액자 목업, 에코백 목업, 티셔츠 목업 등 필요한 목업 종류를 검색한 뒤 하나를 선택합니다.

선택한 목업에 작업한 포스터를 가져와서 액자 크기에 맞춰 올립니다.

완성된 목업 이미지입니다.

❷ [이미지 편집]에서 스마트 목업 사용하기

목업에 넣을 페이지를 저장해야 합니다.

① [공유]를 클릭합니다.

② [PNG] 파일을 선택합니다.

③ [저장할 페이지를 선택합니다.

④ [완료]를 클릭해서 다운로드 받습니다.

① 금방 다운받은 포스터 파일을 [내 컴퓨터]에서 찾아 클릭한 후 새 페이지로 끌고 옵니다(Drag and Drop)'

② [업로드 항목]을 누르면 파일 업로드가 이루어집니다.

③ [내 컴퓨터]에 다운로드 받은 포스터 파일이 업로드 됩니다.

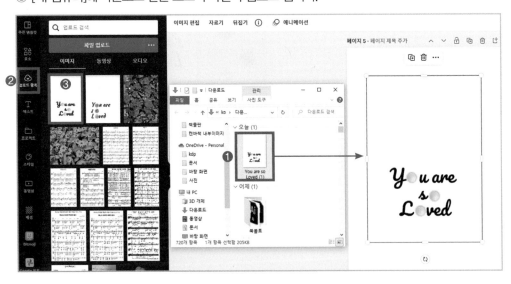

① 다운로드 받은 포스터 이미지를 클릭합니다.

② [이미지 편집]을 클릭합니다.

③ 중간쯤에 있는 [스마트 목업(Smartmockups)]을 클릭합니다.

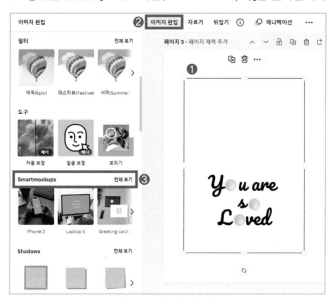

명함 목업, 카드 목업, 모니터 목업, 핸드폰 목업 등등 다양한 목업이 있습니다. 여기에서는 행거 목업을 선택했습니다. 클릭 한 번만 하면 바로 목업에 들어간 이미지를 보여줍니다.

다음은 [스마트 목업]을 이용한 다양한 목업 적용 예시들입니다.

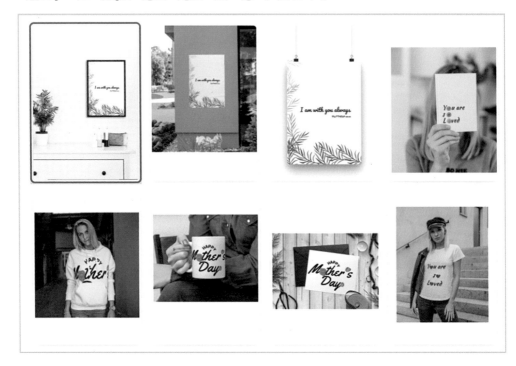

❸ 8,000여 개 스마트 목업 내 맘대로 고르기

캔바 홈 화면에서 [앱]을 클릭합니다.

[앱] 속에 있는 [스마트 목업]을 클릭합니다.

캔바 홈 화면에 있는 [Smartmockups]를 클릭하면 8,000개 이상의 방대한 목업들이 나타납니다.

목업이 잘 분류가 되어있어서 원하는 카테고리를 선택하여 들어갑니다.

아이패드 목업을 하나 고른 뒤 [선택]을 클릭합니다.

직접 디자인 한 페이지 중 하나를 선택할 수 있습니다.

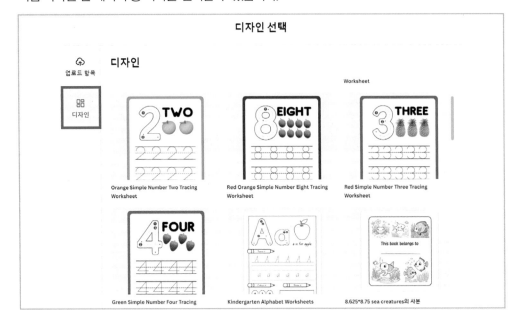

또는 [업로드 항목] 중에서 목업 파일에 가져올 이미지를 선택합니다.

패드 목업에 내가 만든 포스터가 쏙 들어갔습니다. 크기를 좀더 수정하거나 위치를 조정하고 싶다면
[이미지 조정]을 클릭합니다.

크기를 확대, 축소할 수 있습니다. '정렬'과 '뒤집기'를 조절한 뒤 [저장]을 눌러줍니다.

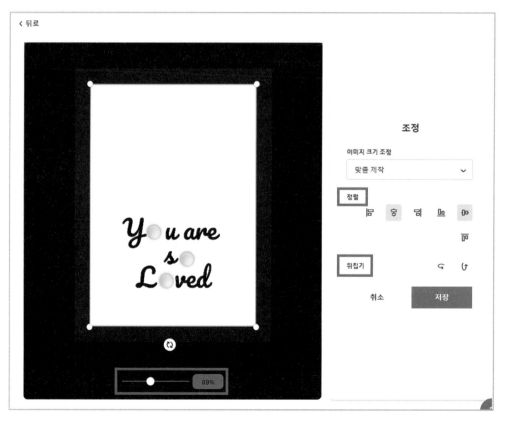

6. 작업물 저장하고 공유하는 법

작업을 끝낸 뒤 다운로드 받는 저장 방식에는 여러 가지가 있습니다. 저장을 하려면 [공유]-[다운로드]를 클릭합니다.

다운로드 저장법

❶ **인쇄에 적합한 저장법** : 어떤 결과물로 쓰이냐에 따라 저장 방법이 다릅니다. 고객이 직접 출력해서 사용하는 경우는 PDF 파일로 저장을 합니다. [PDF 표준]은 시안용이거나 온라인 상으로 보는 용도로 사용할 경우에 사용하면 됩니다. 디지털 파일을 출력용으로 만든 경우는 [PDF 인쇄]로 저장하면 됩니다.

❷ 일반 사진 이미지는 JPG 또는 PNG로 저장하면 됩니다. 특히 PNG 저장은 투명 배경 설정을 할 수 있습니다.

❸ SVG 파일 저장은 벡터 저장 방식이며, 캔바에서 어도비 일러스트레이터 AI 파일로 가거나 또는 가져오고 싶을 때 SVG 저장을 하면 됩니다. 전문가들이 사용하는 파일 형식이라 캔바 유료 사용자만 가능한 파일입니다.

❹ 동영상 저장은 MP4 동영상으로 저장하면 됩니다.

❺ 움짤 GIF 이미지 작업을 했다면 저장 방식을 GIF로 하면 됩니다.

템플릿 저장법

❶ [공유]를 누릅니다.

❷ 브랜드 템플릿 : 자주 사용한 디자인을 재사용 가능한 템플릿으로 바꾸어줍니다. 예를 들어 블로그 썸네일을 동일한 템플릿에 글자만 바꿔 계속 사용한다면 브랜드 템플릿으로 만들어 둡니다.

❸ 프레젠테이션 : 전체 화면 프레젠테이션, 발표자 보기, 프레젠테이션 및 녹화, 자동재생 등 자신의 발표 양식에 따라 선택한 뒤 발표할 수 있습니다.

❹ 템플릿 링크 : 링크가 있는 모든 사람은 이 디자인을 템플릿으로 사용할 수 있습니다. 디지털 파일 판매 방식 중 자주 사용하는 방법 중 하나입니다. 청첩장이나 카드, 초대장을 만든 뒤 캔바 템플릿 링크를 올려두면 고객이 이 템플릿 링크를 받아서 날짜와 이름, 장소 글자만 바꿔서 사용하게 할 수 있습니다.

❺ 보기 전용 링크 : 링크를 받은 사람은 캔바 로그인을 하지 않더라도 바로 작업물을 확인할 수 있습니다. 예를 들면 가족영상 앨범이나 축하카드 영상 등을 캔바로 만든 뒤 카톡이나 문자로 [보기 전용 링크]를 보내면 됩니다.

[링크 복사]는 카드나 프레젠테이션 크기로 작업을 했는지, SNS 관련 작업을 했는지, 또는 이제껏 작업량이 얼마나 많은지에 따라 보여지는 게 제각각 다릅니다. [링크 복사] 부분은 위와 같이 [브랜드 템플릿], [프레젠테이션], [템플릿 링크], [보기 전용 링크]가 나타나기도 하지만 웹사이트, 페이스북 페이지, 스케줄 등등 자신의 작업하는 분야에 따라 맞춤식으로 오른쪽처럼 메뉴가 다르게도 나타납니다.

따라서 책에서 나타나는 화면과 자신의 화면이 조금 다르더라도 캔바 인공지능이 그 사람의 작업에 맞는 최적의 링크와 아웃풋 양식을 보여준다고 생각하면 됩니다. 만약 자신이 원하는 링크 양식이 보이지 않는다면 조금 아래에 있는 점세 개 [더보기] 버튼을 눌러 찾아서 사용할 수 있습니다.

> 상황에 따라 [프레젠테이션]이
> [스케줄]로 변경되어 나타나기도 합니다.

이러한 기능은 캔바의 제일 큰 장점으로 꼽을 수 있는 SNS에 완전 최적화되어 있는 툴이라는 의미입니다.

이처럼 캔바를 이용하면 컴퓨터나 핸드폰 캔바 앱으로 작업을 한 뒤 바로 SNS에 올릴 수 있습니다. 인스타그램과 페이스북(메타), 틱톡, 트위터는 기본이고 핀터레스트까지 없는 게 없습니다.

[공유]에서 좀 아래에 있는 [소셜 미디어에 공유]를 클릭합니다.

아래 SNS 중 자신이 게시할 곳을 클릭해서 바로 업로드하면 됩니다. 물론 맨 처음에 자신의 계정과 연동을 시킨 후 사용해야 합니다.

[공유]–[더보기] 아래에 보면 소셜 미디어에 바로 업로드할 수 있을 뿐 아니라 자신의 구글드라이브나 드롭박스, 원드라이브로 바로 저장할 수 있습니다. 앞에서 설명했다시피 마이크로소프트 PPT로도 저장할 수 있습니다.

그리고 작업 링크를 바로 이메일로 보낼 수 있습니다. 뿐만 아니라 요즘 우리나라에서도 많이 사용하고 있는 다양한 메신저 프로그램으로도 바로 작업 링크를 연결시킬 수 있습니다.

이런 통합기능은 작업시간을 엄청나게 단축시키며 효율적이고 획기적인 기능입니다. 자신의 SNS를 크게 활성화시키고, 자료들을 손쉽게 가져오고 보관하기 위해 맨 처음 계정 연결하는 과정이 좀 귀찮을 수 있지만 시간이 걸리더라도 하나하나씩 클릭하면서 연동시키는 작업을 꼭 다 해보기 바랍니다.

06 : 캔바에서 만든 작품 하나가 100가지 굿즈로 변신

맨 앞장에서 POD(Print On Demand)에 관해 잠깐 안내해 드렸는데요. 대부분의 사람들은 자신이 그림을 잘 그릴 줄 알거나 캐릭터를 만들 줄 알아야 이런 일을 할 수 있다고 생각합니다. 하지만 캔바를 사용하면 굳이 그림을 잘 그리지 못하더라도 충분히 POD 사업을 시작할 수 있습니다. 그게 정말 가능한지 한번 따라해 보세요.

1. 캔바 인공지능이 대신 그림 그려줘요 : Text to Image

앞에서 컬러링북 설명하면서 '미드저니'라는 AI가 그려준 바닷속 생물들 이미지를 소개했었습니다(132쪽 참조). 캔바 AI가 어떻게 그림을 그려주는지 보도록 하겠습니다.

왼쪽 기능선택툴 메뉴에 뭔가 많았었는데 지금은 몇 가지 메뉴밖에 보이지 않죠? 없는 것들은 모두 맨 밑에 있는 [앱] 속에 숨어 있습니다. [앱]을 클릭한 다음, 'Text to Image'를 검색하여 선택해서 기능선택툴 메뉴에 끄집어내 줍니다.

❶ [Text to Image]를 선택합니다.

❷ 내가 그리고 싶은 이미지를 글로써 표현합니다.

❸ [모두 보기]를 클릭한 후 마음에 드는 스타일을 선택합니다(스타일은 계속 업그레이드 중이라 보이는 화면이 조금씩 다를 수 있습니다. 여러 가지 스타일을 눌러보면서 다양하게 연습해 보세요).

❹ 이미지의 비율을 정할 수 있습니다. 여기에서는 정사각형을 선택했습니다.

❺ 선택이 끝난 뒤 [이미지 만들기]를 클릭합니다.

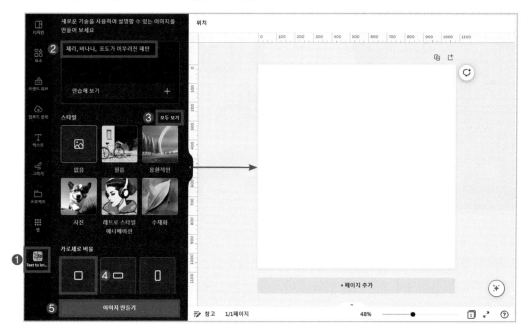

몇 초도 안되어 네 가지 종류의 패턴 이미지가 만들어졌습니다. 이중 마음에 드는 이미지가 있다면 클릭해서 선택합니다. 하지만 좀더 다른 형태를 만들고 싶으면 [다시 만들기]를 클릭합니다.

다시 만들기 할 때 [스타일]을 수채화나 사진, 레트로 등등 다른 설정으로 다양하게 해보기 바랍니다.

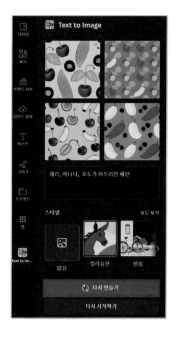

아래는 '수채화' 스타일을 선택해서 [다시 만들기]한 화면입니다.

이번엔 '멋진 성이 있고 화사한 꽃들이 피어있는 겨울풍경'을 만들어 달라는 텍스트를 넣은 뒤 '몽환적인' 스타일을 선택해서 만들기를 했더니 아래와 같은 작품을 만들어 냈습니다.

텍스트는 그대로 둔 채 이미지 스타일만 '몽환적인', '잉크프린트', '수채화', '컬러풀한' 등으로 제
각각 다르게 적용했더니 순식간에 다양한 그림들이 만들어졌습니다.

이번에는 '바닷속 고래와 물고기를 그려달라'는 텍스트를 넣어 다양한 이미지를 만들어 보았습
니다.

캔바 AI로 이런 걸 만들고 있으면서 자기만족만 하고 있으면 별 의미가 없겠죠! 앞에서 설명했듯이 POD나 온라인 마켓에 판매를 할 수가 있는데, 몇 가지 예를 들면 POD 마켓에서 현재 인기 있게 팔리는 키워드를 검색해서 그 주제에 맞는 그림을 그려달라고 캔바 AI에게 요청해서 아래 이미지를 만들었습니다. 'Owl+Cat'은 POD 매장에서 인기 있는 키워드 중 하나입니다. 그래서 캔바 AI로 다양한 결과물을 만들어낸 뒤 레드버블에 올린 이미지들입니다.

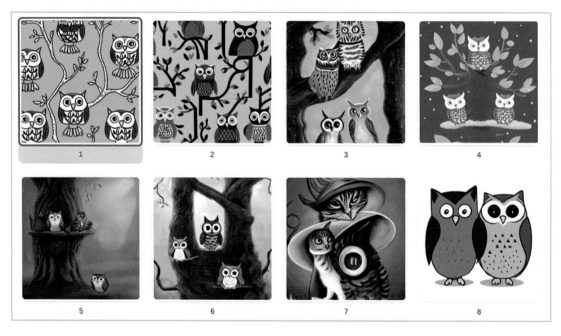

환상적이고 동화적인 '겨울 이미지'도 주문했더니 캔바 AI가 이런 멋진 이미지를 만들어 주었습니다. 어때요? 이제 그림 못 그린다고 포기하지 마시고, 캔바의 다양한 기능들을 지혜롭게 잘 사용하여 꼭 수익화에도 도전해 볼 마음이 생기나요?

웹상에서 보는 작품을 만들 때는 해상도 72dpi 정도면 충분하지만 POD 제품에 프린팅 되는 작품을 만들 때는 해상도 300dpi 정도 되어야 선명하고 깔끔하게 인쇄가 되어집니다.

하지만 캔바는 해상도를 따로 설정해 줄 수가 없습니다. 그래서 작업을 할 때 크게 작업을 하도록 합니다. 물론 다른 프로그램으로 가서 해상도를 높여주는 작업을 할 수도 있지만 왔다 갔다 번거롭기 때문에 캔바에서 모든 걸 해결하기 위해선 판형 크기를 최대한 크게 하는 방법을 쓰면 됩니다.

[맞춤형 크기]에서 4500×5500으로 세로를 약간 긴 판형을 만듭니다. POD로 만들 수 있는 제품이 너무 많기 때문에 모든 제품에 다 맞게 만들 수는 없습니다. 그래서 저는 티셔츠에 최적화된 크기로 작업을 하고 있습니다. 왜냐하면 만든 작품을 레드버블에서만 판매하는 게 아니라 '티퍼브릭', '티스프링', '아마존 머치' 등 다른 사이트에서도 판매가 가능한 최적의 제품이 티셔츠이기 때문입니다.

2. 클릭 몇 번으로 멋진 디지털 아트로 변신

이번에는 검색어 몇 개만 사용하여 멋진 디지털 아트 작품을 만들어 보겠습니다.

선으로 그려진 여자 얼굴을 찾아보았는데요. [요소]에서 검색어 'Woman lined'를 사용해서 찾았더니 움직이는 움짤 이미지가 많이 나와서 필터링을 해보겠습니다. 검색창 맨 오른쪽에 줄세개 ⚌ 아이콘이 검색한 결과를 필터링하는 곳입니다.

색상별로 찾아볼 수도 있고, 가로로 긴 수직 이미지나 세로로 긴 수평 이미지만 찾아 달라고 지정할 수도 있습니다.

저는 움직이는 애니메이션 이미지는 필요 없기 때문에 '정적'에만 체크하였습니다. 필터링 선택을 한 뒤 [필터 적용]을 클릭합니다.

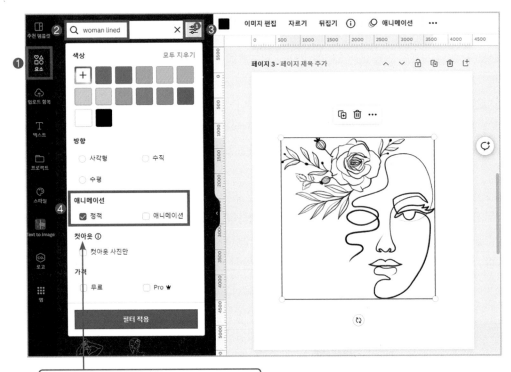

'컷아웃'은 배경이 제거되어 있는 이미지만
찾아 달라는 뜻입니다.

여러 작품 만들 것을 대비해서 마음에 드는 이미지를 미리 다 뽑아서 작업창에 배치합니다.

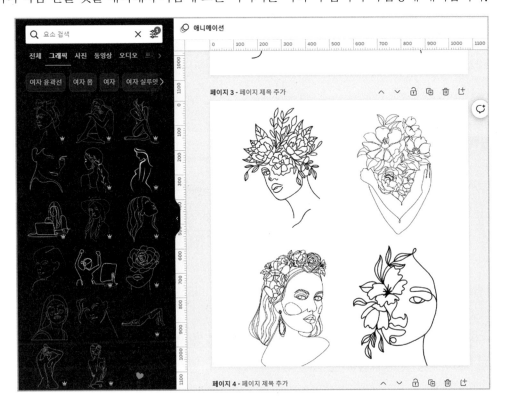

[요소]에서 'watercolor' 검색어를 입력한 다음, [그래픽] 이미지 중 얼굴에 들어갈 만한 색상들을 3~4개 가져와서 얼굴 크기에 맞게 겹치기를 합니다.

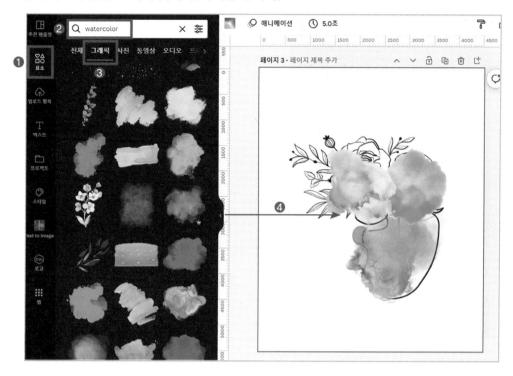

얼굴이 뒤에 있어서 가려지므로 [위치]에서 [맨앞으로] 가져오기 합니다.

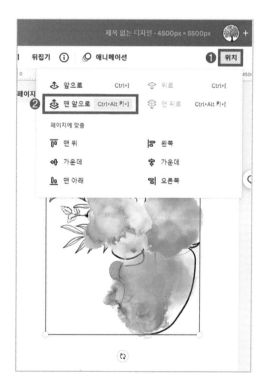

입술을 강조하고 싶어 'red brush'로 검색을 하여 [그래픽]에서 입술로 적절한 이미지를 가지고 옵니다.

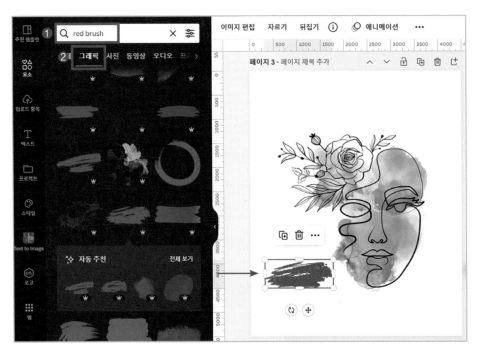

원래 머리 위에 있던 꽃을 가리기 위해 [요소]-[그래픽]에서 꽃 이미지를 하나 가져옵니다. 그러면 바로 전에 선택한 이미지와 비슷한 이미지를 [자동 추천]해 주기 때문에 통일된 요소를 계속 찾을 수 있습니다.

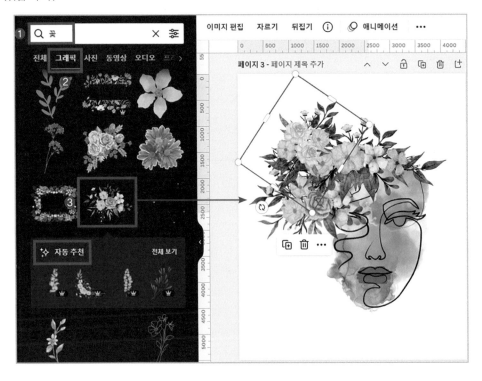

이제 배경만 넣으면 끝입니다. 'fantasy sky'로 검색한 다음, [사진] 중 판타지한 느낌을 잘 보여주는 하늘을 선택하여 배경으로 넣었습니다. 이 상태에서 배경만 계속 바꿔주면 순식간에 여러 개의 작품을 만들어낼 수 있습니다. 꽃도 다른 종류로 바꿔가면서 얹어줘도 되겠죠.

이렇게 만든 작품을 목업에 넣어보았습니다. 이 작품을 만들기 위해 단지 4개의 키워드(woman lined, watercolor, red brush, fantasy sky)만 사용했습니다. 이제 똥손도 캔바로 얼마든지 멋진 작품을 만들 수 있는 이유를 아시겠죠!

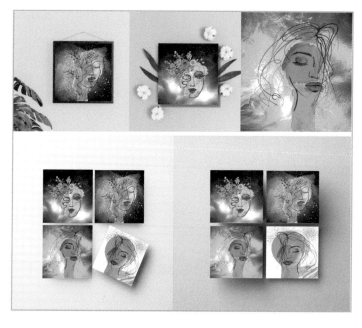

3. 초간단 3D 특수 효과 만들기

이번에는 오른쪽 작업창에 초사실주의 특수 효과 이미지를 만들어 보도록 하겠습니다. 우선 배경이 없는 사과를 하나 가져오기로 합니다. 검색창에 '사과'를 입력하여 검색을 하면 역시 너무 많은 사과 이미지가 나와서 필터링을 해보겠습니다.

선 세개 🎚 아이콘을 클릭한 뒤 '컷아웃'을 선택합니다. 그러면 배경 제거된 사과 위주로 검색해서 보여줍니다.

작품에 쓸만한 사과를 몇 개 가져와 봤는데요. 이왕이면 그림자가 만들어져 있는 사과가 좋을 것 같아 다음과 같은 사과를 선택했습니다.

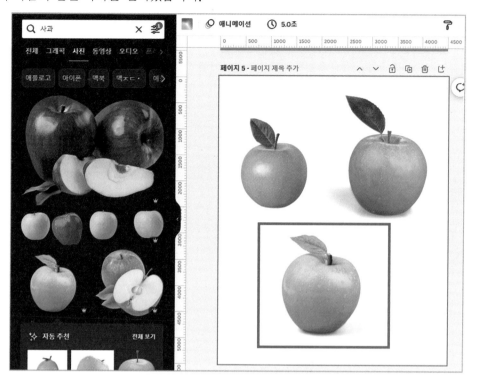

Alt 키를 누른 상태에서 사과를 드래그하여 복제합니다.

복제한 사과 두 개를 딱 맞게 겹쳐준 다음, 사과 하나의 박스 친 네모 부분에 마우스를 클릭하여 주욱 올려서 사과 위쪽 반만 보이도록 만듭니다.

나머지 사과 하나도 네모 부분을 클릭하여 아래 부분만 보이도록 잡아당겨 줍니다. 현재 사과 하나처럼 보이지만 두 개가 반으로 잘린 게 붙어있는 겁니다.

회전 화살표를 클릭하여 각도를 줍니다.

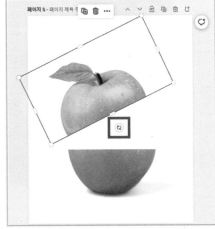

[요소]에서 [선 및 도형]을 선택한 뒤 '동그라미'를 가져옵니다. 동그라미 중간 앵커를 움직이면 납작한 타원형을 만들 수 있습니다. 정사각형 도형도 마찬가지로 중간 앵커를 움직여서 직사각형을 만들면 됩니다.

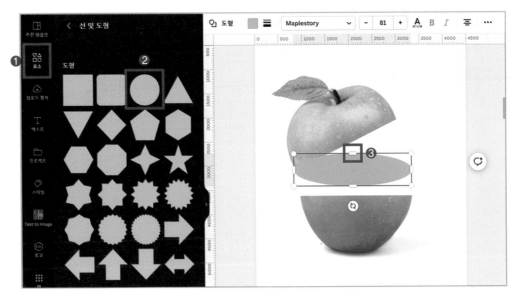

❶ 타원형을 사과 반쪽과 맞는 크기로 맞춘 뒤 색상을 바꿔보겠습니다.

❷ [색상] 아이콘을 선택합니다.

❸ [문서 색상] 아이콘을 선택합니다.

❹ [스포이드]를 선택합니다.

❺ 사과색 중 타원형에 어울릴만한 색을 스포이드로 클릭하면 타원형 색상이 금방 추출한 색으로 바뀝니다.

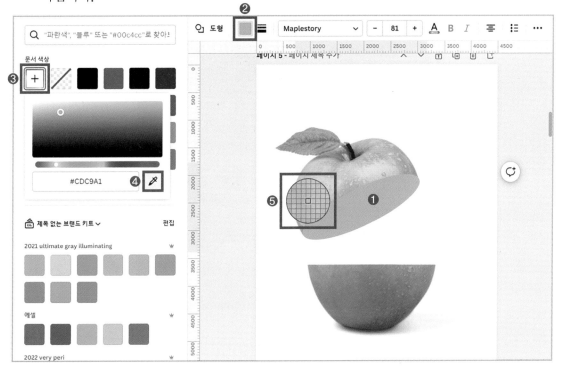

사과 아래 부분도 위 타원을 그대로 복제한 뒤 크기에 맞게 배치합니다. 이제 거의 끝났습니다. '나무'와 '구름'을 검색해서 가져온 뒤 적당하게 꾸며주기만 하면 됩니다.

나무 한 그루를 가져와서 다양한 크기로 배치한 뒤 구름으로 어색한 부분을 살짝 가려주면 됩니다. 이처럼 사과뿐 아니라 둥근 물체를 이용해서 같은 원리를 적용하면 입체적인 표현을 할 수 있습니다. 아래는 사과는 그대로 둔채 배경만 다르게 함으로써 여러 개의 작품을 만든 것들입니다.

4. 글자만으로 예쁜 굿즈 만들기

글자 쌓아 올리기

'Don't Give up' 글자에 색을 넣은 다음, 오른쪽+위쪽으로 조금씩 옮겨 복제합니다. 색을 바꾸고 또 복제해서 오른쪽과 위쪽으로 옮겨줍니다. 이 방법으로 계속 글자를 복제하면서 쌓아 올립니다.

'Peace' 글자에 색을 넣은 뒤 오른쪽으로는 가지 않고 위쪽으로만 옮기며 복제합니다. 쌓으면서 색을 계속 바꿔줍니다.

이렇게 만든 글자를 티셔츠 목업에 넣어본 이미지입니다.

검색어로만 만든 작품

캔바에서 이미 독특한 모양으로 만들어진 알파벳 세트를 찾아내어 글자로만 이루어진 작품을 만들 수 있습니다.

'balloon letter'란 검색어로 풍선 모양으로 만들어진 글자를 찾아 생일축하 문구를 만들 수 있습니다.

'honye letter'란 검색어로 꿀이 떨어지는 모양의 글자, 벌 모양, 벌집 모양의 글자들을 찾아내어 단어를 만들 수 있습니다.

'letter filled with flower'란 검색어는 꽃으로 채워져 있는 글자란 뜻입니다. 이러한 방식으로 도형으로 채워진 글자, 딸기로 채워진 글자 등등 다양하게 응용하여 검색할 수 있습니다.

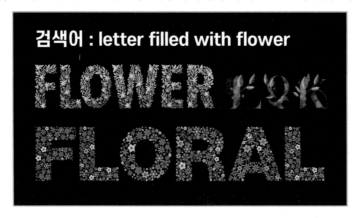

'folded letter'란 검색어로 접혀진 색종이 느낌의 글자로 조합해 보았습니다. 마찬가지로 'folded letter'란 검색어 대신에 'folded flower', 'folded butterfly' 등으로 응용할 수 있습니다.

'melt letter'를 초콜릿이나 얼음이 녹아내리는 모양의 글자로 나타내었습니다.

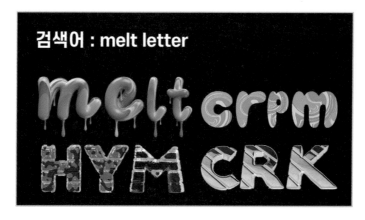

'floral letter'는 꽃이 들어간 글자입니다. 종류가 너무 많아서 직접 검색해서 찾아보면 정말 예쁘고 멋진 글자들을 발견할 수 있을 것입니다.

포토샵에서 이런 글자를 만들려면 많은 시간과 노력이 필요합니다. 하지만 캔바에는 이미 만들어진 다양한 모양의 글자들이 있습니다. 키워드를 적절하게 잘 사용하면 짧은 시간에 아주 멋진 작품을 효율적으로 조합하여 만들 수 있습니다.

이렇게 글자로만 만들어진 이미지를 셔츠나 에코백에 넣어본 목업입니다.

이렇게 만든 작품들은 POD 사이트인 레드버블, Society6, Zazzle, 티퍼브릭, 티스프링 등등의 사이트에 입점하여 판매할 수 있습니다. 입점 과정과 작품 업로드 방법 등은 각 사이트마다 다르기 때문에 이 책에서 일일이 다 보여드리기는 힘듭니다. 그래서 캔바를 제대로 익혀서 한 군데만이라도 입점해서 달러를 벌어보는 즐거움을 경험해 보세요.

레드버블에서 판매가 되고 있는 POD 상품들 몇 가지 예시를 보여드리겠습니다.

이 작품은 캔바에 있는 그리기(draw) 기능으로 낙서하듯이 칠한 후 패턴으로 적용시켰습니다. 디자인을 하나만 해서 올리면 이렇게 다양한 제품에 한꺼번에 목업으로 입혀집니다.

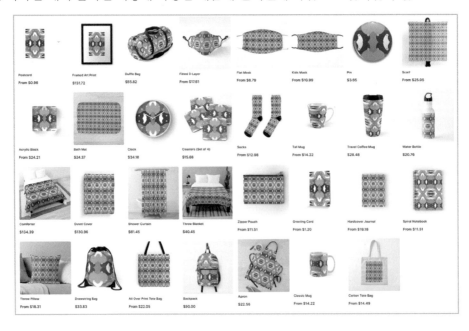

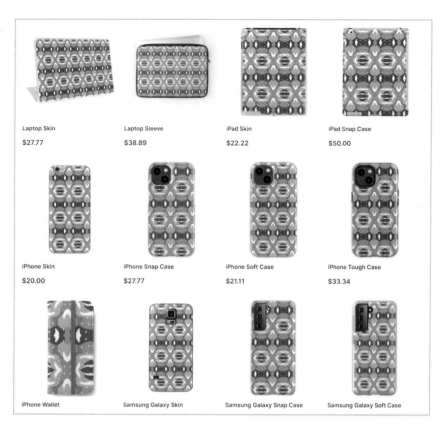

Laptop Skin	Laptop Sleeve	iPad Skin	iPad Snap Case
$27.77	$38.89	$22.22	$50.00

iPhone Skin	iPhone Snap Case	iPhone Soft Case	iPhone Tough Case
$20.00	$27.77	$21.11	$33.34

iPhone Wallet	Samsung Galaxy Skin	Samsung Galaxy Snap Case	Samsung Galaxy Soft Case

다음은 어머니날을 겨냥해서 만든 선물용품입니다.

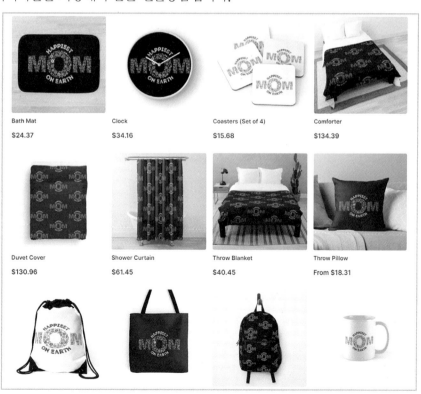

Bath Mat	Clock	Coasters (Set of 4)	Comforter
$24.37	$34.16	$15.68	$134.39

Duvet Cover	Shower Curtain	Throw Blanket	Throw Pillow
$130.96	$61.45	$40.45	From $18.31

긍정 확언 문구를 글자 쌓기 효과를 이용하여 만든 제품들입니다.

캔바에서 Sunset 이미지 하나와 글자만으로 만든 작품입니다.

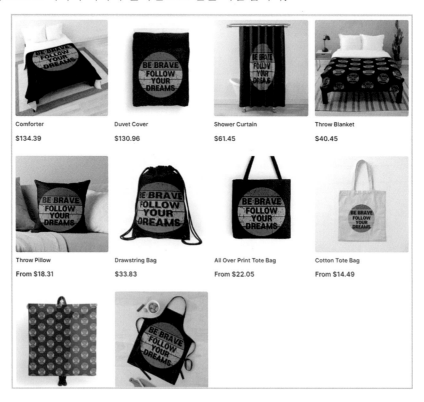

이 매장에서는 패턴만 만들어서 작업하고 있습니다.

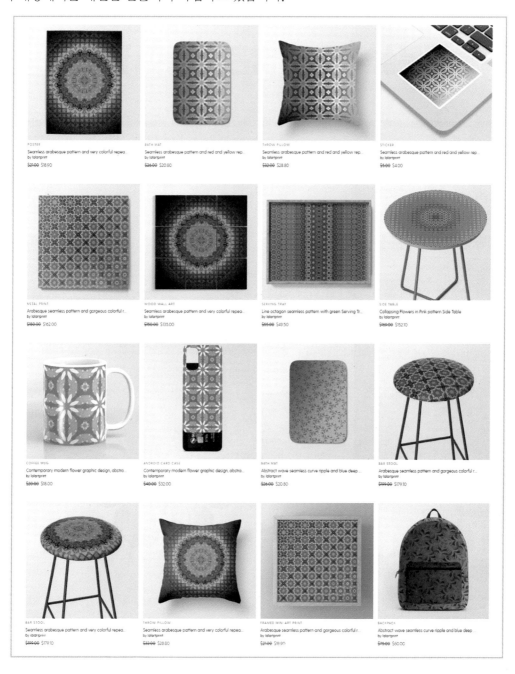

　이와 같이 재미있는 작품을 만드는 것으로 끝나는 게 아니라 POD 사이트에 자신의 디자인을 올려서 100여 가지의 굿즈로 판매되어 진다는 게 너무 신기하지 않나요? 돈 한푼 들이지 않고 온라인에 나만의 가게를 오픈하면 다양한 제품을 쌓아두는 창고가 없어도 되고, 고객 응대도 하지 않고, 심지어 주문이 들어와도 택배를 보내지 않아도 되는 그런 신기한 사업이니까 캔바를 제대로 배워 모두들 꼭 도전해 보시기 바랍니다.

07 : 포토샵 부럽지 않은 캔바의 필살기

캔바에 있는 이미지를 그대로 사용하지 않고 한 번 가공한 뒤, 사용할 때 간편하게 할 수 있는 방법이 바로 특수효과를 주는 겁니다.

1. 클릭 한 번으로 금손되는 특수효과

빈 페이지에 특수효과를 줄 '나비'를 하나 선택했습니다.

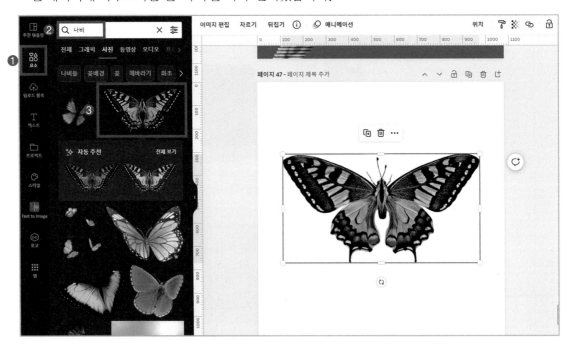

이미지에 특별한 효과를 주고 싶다면 무조건 [이미지 편집] 안에 들어가면 됩니다. 이곳은 배경제거를 비롯한 목업, 필터, 섀도우(그림자 주기) 등은 물론이고, 지금부터 배울 특수효과까지 싹 다 있는 곳입니다.

TIP [사진 편집] 메뉴가 나올 때

만약 효과를 줄 이미지를 선택했는데 [이미지 편집]이 뜨지 않고 [사진 편집]이 뜬다면 맨아래 '기존의 사진 편집기를 사용하려면 [여기를 클릭]하세요' 부분을 클릭해서 반드시 [이미지 편집]에 가서 작업을 하기 바랍니다.

[이미지 편집]에는 특수효과 종류가 많기 때문에 [전체 보기]에 들어가면 그 안에서 또 원하는 효과를 고를 수 있습니다.

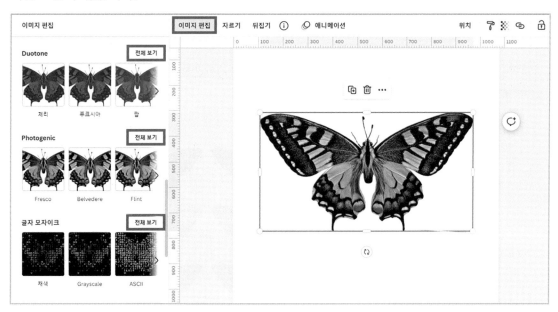

[듀오톤(Duotone)]은 말 그대로 색 조합이 두 가지로만 이루어져 있습니다. 이미 두 가지 색 조합이 만들어져 있어서 클릭해서 눌러주기만 하면 다양한 색 조합의 나비를 만들 수 있습니다.

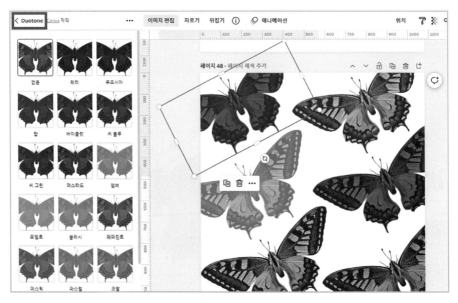

[포토제닉(Photogenic)]은 사진을 다양한 느낌으로 바꿀 수 있습니다.

내추럴 : 자연스런 느낌   **웜** : 따뜻한 느낌

쿨 : 시원한 느낌   **비비드** : 생기 발랄한 느낌

소프트 : 부드러운 느낌   **빈티지** : 향수를 불러일으키는 느낌

모노 : 단색 이미지   **컬러 팝** : 화려한 컬러 이미지

하나의 사진 이미지를 수십 개의 느낌으로 탈바꿈시킬 수 있습니다.

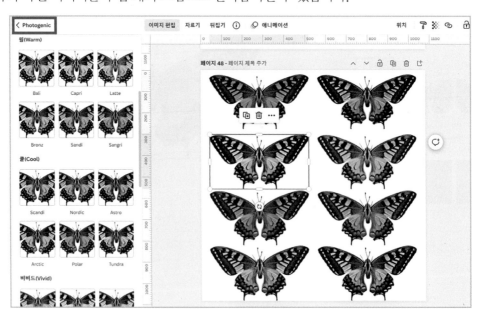

[글자 모자이크]는 사진 이미지를 글자와 숫자 조합으로 바꾸어줍니다. 예를 들어 [채색]을 선택했더니 나비 모양이 좀 엉성하게 보여서 좀 더 정밀하게 보이게 바꾸려면 현재 선택한 [채색] 위에 마우스를 대면 세 개의 선 ☰ 이 나타납니다.

클릭을 해서 원하는 모자이크가 되게 설정할 수 있습니다.

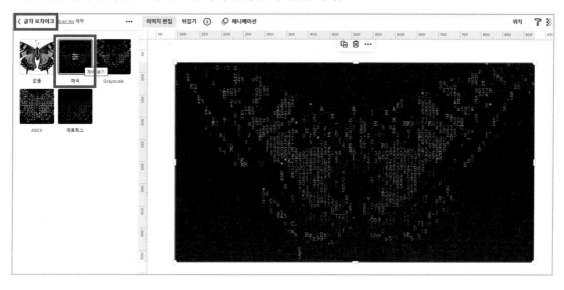

열, 존재감, 투명도 모두 최대치로 설정하였습니다. 슬라이드를 조절하면서 여러분이 원하는 수치로 설정하면 됩니다. 모든 작업을 마쳤으면 [적용]을 클릭합니다.

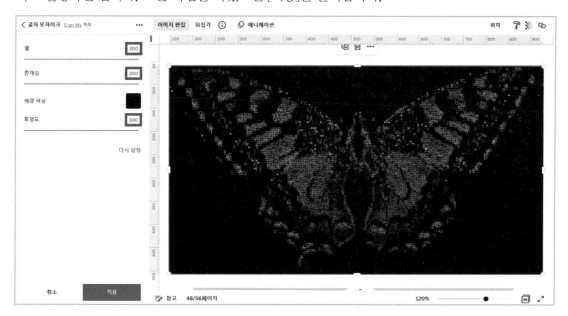

[글자 모자이크] 효과 중에서 채색, ASCII, 매트릭스, 그레이스케일 효과를 준 결과물입니다.

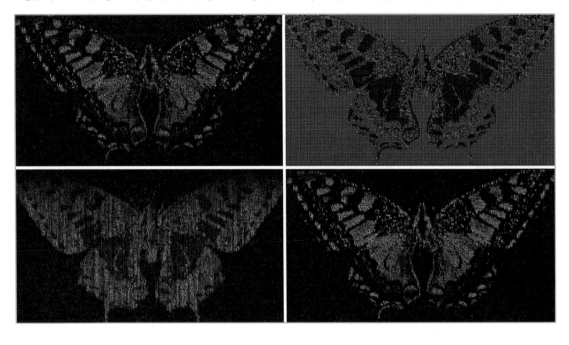

[Bad TV]는 말 그대로 상태가 안좋은 TV입니다. TV 화질이 좋지 않아 지지직거리는 효과를 줄 때 사용합니다.

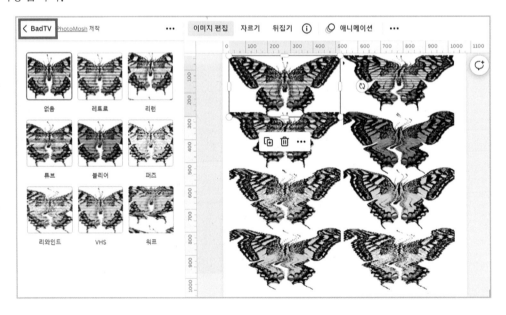

효과를 준 뒤 좀 더 왜곡이 많이 되게 하고 싶거나 지지직 거리는 줄이 더 많이 나오게 하고 싶으면 선세개 ☰ 제어창에 들어가서 설정할 수 있습니다.

[컬러믹스(ColorMix)]는 화려한 색 조합으로 변신시켜 줍니다.

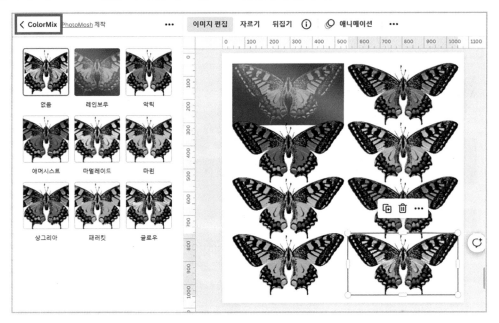

[몽롱한]은 색의 3원색 RGB(Red, Green, Blue) 색이 서로 떨어져 있게 분리시키는 효과를 줍니다. 그래서 눈의 착시현상 또는 디지털적인 느낌을 강조하고 싶을 때 사용할 수 있습니다.

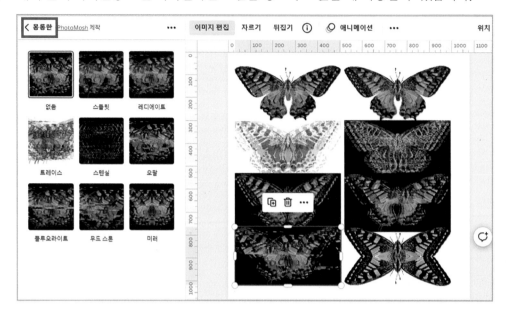

[Liquify]는 '녹이다, 용해하다, 액체가 되다'는 뜻이 있습니다. 그래서 이미지가 뭉개지면서 녹아내리는 듯한 효과를 내는 데 사용합니다.

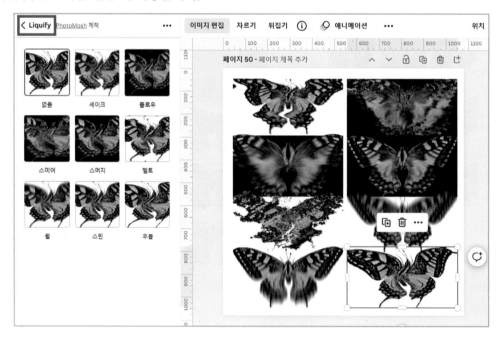

[Pixelate]는 이미지를 눈에 보이는 정도의 픽셀로 만들어 줍니다. 세로만 긴 픽셀, 가로만 긴 픽셀, 점으로 보이는 픽셀, 나선형으로 돌아가면서 만드는 픽셀 등 여러 종류의 픽셀로 표현할 수 있습니다.

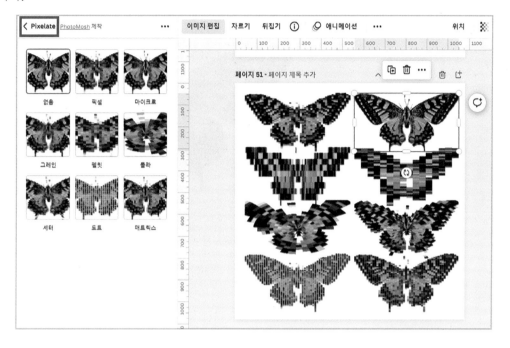

[스크린] 효과는 마치 점묘화를 찍은 듯한 느낌을 줍니다. 작은 점의 모양이 동그라미, 네모, 십자 모양 등등에 따라 조금씩 차이가 있습니다.

[섀도우]는 물체에 그림자를 다양하게 줄 수 있습니다.

[섀도우]−[글로우]는 물체 전체에 테두리를 줄 수 있습니다. 테두리 크기, 투명도, 흐리기를 어떻게 설정하느냐에 따라 다양하게 변화를 줄 수 있습니다.

물체 하나만 덩그러니 있으면 뭔가 어색하고 조화롭지 못합니다. 이때 그림자 효과만 살짝 줘도 훨씬 사실적이면서 입체적인 느낌을 줍니다. 특히 배경 제거(누끼따기) 한 뒤에는 꼭 섀도우를 한 번 넣어주세요. 그러면 작품의 완성도가 완전 높아진답니다.

하나하나 만들어본 작품을 다 합쳐서 콜라주(Collage) 포스터로 만들어 보았습니다. 여러분도 연습 삼아 해 본 것도 그냥 버리지 말고 자신만의 작품으로 재탄생시켜 보세요.

2. 클릭 한 번으로 사진이 그림처럼 된다

사진 이미지에 클릭 한 번만 하면 그림 이미지로 바꿔주는 기능을 살펴보겠습니다.

오른쪽 이미지가 원본입니다. 원본 이미지 선택 후 [이미지 편집]-[Paint Effect]에 들어가서 원하는 효과를 클릭하면 그림을 그린 듯한 효과를 얻을 수 있습니다.

맨 왼쪽 사진이 원본이고, 각각 Paint Effect 효과를 넣은 것들입니다. 클릭 한 번으로 5분도 채 안 되는 시간에 사진 한 장이 11개의 그림을 그린 듯한 작품으로 변했습니다.

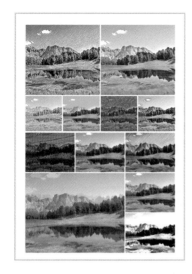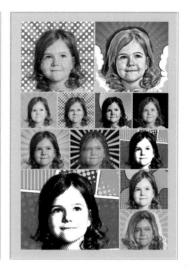

어때요! 참 신기하죠? 인물이나 풍경 사진을 찍은 뒤 핸드폰 캔바 앱으로 [Paint Effect] 효과를 준 뒤 자신의 인스타그램에 바로 업로드 해도 됩니다.

누구나 멋진 아티스트로 만들어 주는 캔바의 강력한 힘을 잘 사용해 보세요.

3. 내 상품 돋보이게 만드는 미러링 효과

상세페이지를 만들 때 자주 쓰이는 미러링 효과를 만들기 위해 전단지 크기의 빈 페이지를 가져 옵니다. 캡처해 둔 오렌지 주스 이미지를 불러왔습니다. 만약 여기까지 따라오는 게 힘들면 다시 앞 내용을 복습한 뒤 다시 여기로 돌아와 주세요.

[Alt] 키를 누른 채 왼쪽 원본 오렌지 주스를 드래그해서 하나 더 복제를 합니다. 그런데 원본 이미지가 좀 칙칙하고 어두운 것 같아서 사진 보정을 해 보겠습니다.

[이미지 편집]에서 [조정]에 들어갑니다. '밝기'와 '대비' 값을 조금만 조정해 주면 훨씬 밝고 강렬한 사진 이미지로 바꿀 수 있습니다.

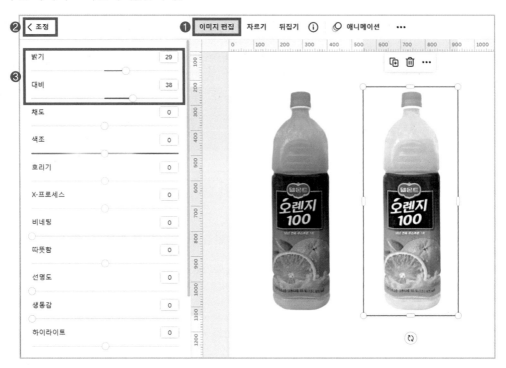

동그란 화살표를 이용해 오렌지 주스 각도를 비스듬히 돌려줍니다. 이어서 그림자로 사용할 오렌지 주스 하나를 더 복제한 뒤 각도를 맞춰줍니다.

[사진 편집]에서 보정할 때

만약 [이미지 편집]이 아닌 [사진 편집]에서 보정을 하려면 다음과 같이 합니다.

❶ 보정할 이미지를 선택합니다.

❷ [사진 편집]을 클릭합니다.

❸ [조정]을 클릭합니다.

❹ [라이트]에서 '밝기'와 '대비값'을 적절하게 조절합니다.

이제껏 보정한 내용이 마음에 들지 않고
원본으로 돌아가고 싶을 때에는 [조정 초기화]를 클릭합니다.

그림자로 사용할 오렌지 주스를 선택한 뒤 투명도를 낮춰줍니다.

[이미지 편집]에 있는 [조정]에서 '흐리기' 슬라이드를 오른쪽으로 올릴수록 이미지가 흐릿하게 변합니다.

여기서 잠깐!

[이미지 편집]이 아닌 [사진 편집]에서 보정을 하려면

❶ 보정할 이미지를 선택합니다.

❷ [사진 편집]을 클릭합니다.

❸ [fx 효과]를 클릭합니다.

❹ [흐리기] 안에서 강도를 조절할 수 있습니다.

[요소]에서 껍질이 벗겨지는 오렌지 이미지를 가져오기 위해 'orange peel'이라는 검색어로 마음에 드는 사진을 구해왔습니다.

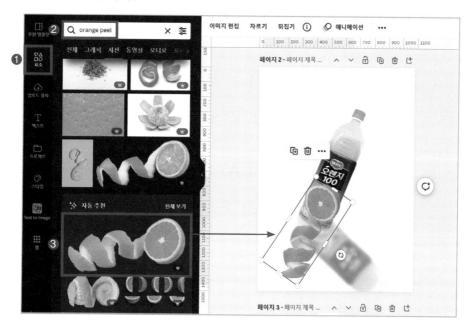

[요소]-[water splash]-[사진] 중에서 적절한 이미지를 고릅니다. 이제 글자를 넣고 효과 주는 건 다 하실 줄 아시죠? 이렇게 내 상품을 더 돋보이도록 만들 수 있는 방법이 바로 미러링(거울) 효과 입니다.

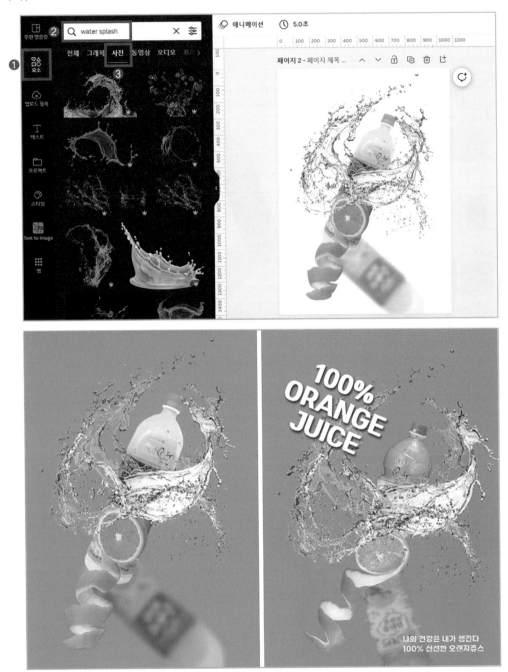

똑같은 내용에 배경만 다 다르게 해서 만들어 보았습니다.

미러링 효과는 어떤 제품이든 상관없이 다 사용할 수 있는 유용한 기능입니다.

4. 내 상품 돋보이게 만드는 흩뿌리기 효과

이번에는 물건이 흩뿌려지는 효과를 표현해 보겠습니다. [요소]에서 '빨간 장미꽃'을 검색한 뒤 선세개 🌿 아이콘 안에 들어가서 '배경 제거' 된 이미지만 나오도록 필터링 하였습니다. 그런 다음 원하는 장미꽃을 작업창에 가져왔습니다.

[요소]에서 'splash'로 검색한 다음. [그래픽] 이미지 중 흩뿌리는 느낌에 적합한 몇 가지를 가져 옵니다.

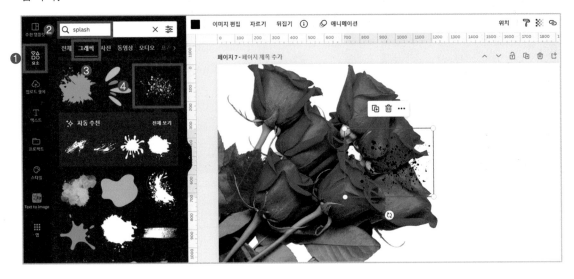

가져온 흩뿌리는 이미지 중 검정색인 스플래쉬 이미지를 선택한 뒤 색상 아이콘을 클릭하여 흰 색으로 바꿔줍니다. 여기서 꼭 명심할 건 스플래쉬 이미지 색상을 배경색과 동일한 색으로 바꿔져 야 합니다. 여기서는 작업 배경이 흰색이기 때문에 흰색으로 선택한 겁니다.

흰색으로 바꾼 스플래쉬 이미지를 복사해서 여기저기 배치해 줍니다. 어떤 건 크게, 또 다른 건 작게, 각도를 돌리기도 하는 등 다양하게 위치시킵니다.

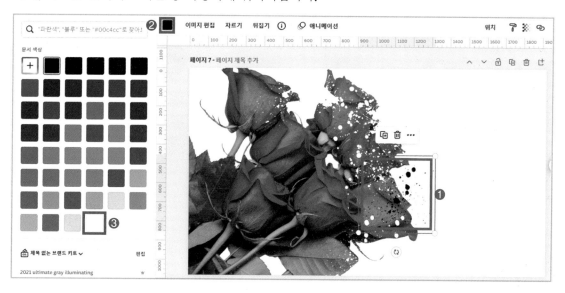

흰색 스플래쉬 이미지를 장미꽃 안에 어느 정도 배치시킨 뒤 바깥 배경에도 여기저기 배치시킵니다.

❶ 바깥에 배치시킨 스플래쉬 이미지를 선택합니다.

❷ [색상] 아이콘을 클릭합니다.

❸ [새로운 색상 추가] 아이콘을 클릭합니다.

❹ [스포이드]를 클릭합니다.

❺ 장미꽃 색상 중 한 군데를 클릭하여 스플래쉬 이미지 색이 바뀌도록 합니다.

꽃 이외에도 나비, 사람 등 어떤 모양에도 적용시킬 수 있습니다.

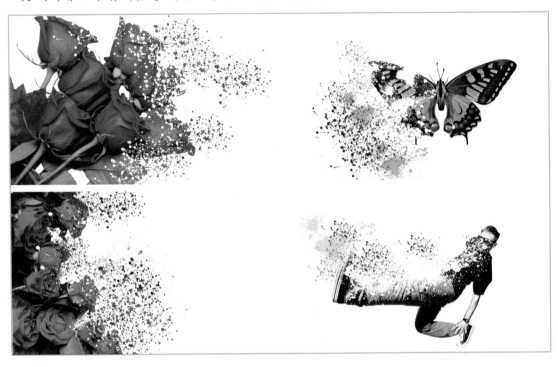

5. 클릭 한 번으로 주근깨, 기미, 치아미백, 적목 현상 등을 자연스럽게 제거하기

요즘 아이들 졸업 앨범을 보면 원래 얼굴을 알아볼 수 없을 정도로 보정을 너무 많이 하더라고요. 캔바의 [얼굴 보정]은 원래의 모습을 그대로 유지한 채 주근깨, 기미, 치아미백, 적목 현상 등을 보정해 주는 막강한 기능입니다. 정말 클릭 한 번이면 끝입니다.

주근깨 있는 모습도 귀엽고 예쁘지만, [얼굴 보정]을 해서 좀 더 깨끗한 피부가 되면 더 좋을 듯합니다.

[이미지 편집]-[도구]-[얼굴 보정]을 클릭합니다.

[피부 잡티 제거]를 눌러 주근깨를 더 옅게 만들 수 있습니다. 주근깨 주위를 브러시로 문질러 주어도 되고, 주근깨 부분을 선택하는 작업 전혀 없이 클릭만으로 저절로 알아서 피부를 보정해 줍니다. 눈이나 입술 등 다른 부위를 전혀 건드리지 않고 원래 이미지를 유지할 수 있습니다.

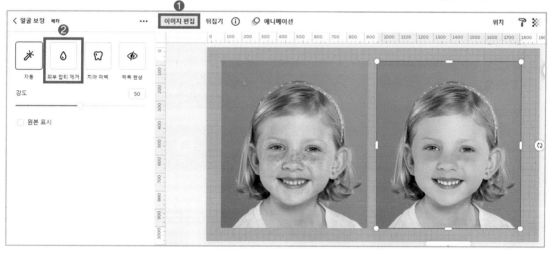

08 : 몰라서 사용 못하는 캔바의 놀라운 숨은 기능들

1. 캔바에서 내 무료 홈페이지가 5개? 이게 실화?

캔바에서 [웹사이트] 템플릿을 이용하면 자신만의 웹사이트를 만들 수 있습니다. 호스팅과 서버 비용도 일절 없이 무료로 5개까지 만들 수 있으며, 무료 사용자도 당연히 가능합니다. PC는 물론, 패드, 핸드폰으로도 모두 사용할 수 있는 반응형 템플릿입니다.

결재 시스템이 들어가야 하는 쇼핑몰 기능은 안 되지만, 개인의 포토폴리오나 사업소개 홈페이지로서는 손색이 없습니다.

❶ 다른 작업 페이지에 있다가 캔바 홈으로 가려면 이 캔바 로고를 클릭하면 됩니다.
❷ [웹사이트] 카테고리 클릭합니다.
❸ 종류별로 분류된 웹사이트들이 나타납니다. 오른쪽 화살표 꺽쇠를 눌러 더 많은 템플릿들을 살펴본 다음, 적절한 템플릿 하나를 선택합니다.

작업을 마무리한 후 [웹사이트 게시]를 클릭한 다음, [무료 도메인]을 선택하여 원하는 웹사이트 주소를 넣으면 됩니다.

저는 개인 포트폴리오 홈페이지로 잘 사용하고 있으며, 해외 디지털 파일 온라인 시장에 입점할 때 포토폴리오를 요구하면 캔바에서 만든 포토폴리오를 제시하고 있습니다.

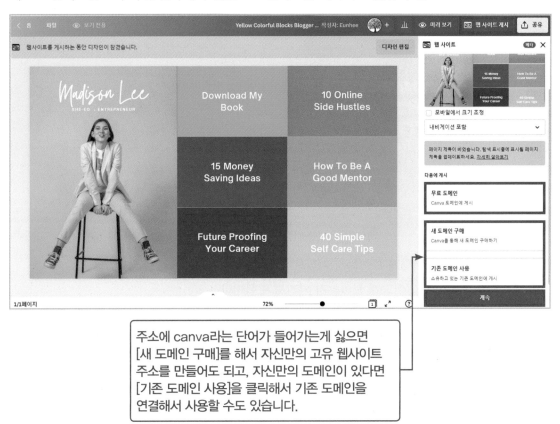

주소에 canva라는 단어가 들어가는게 싫으면 [새 도메인 구매]를 해서 자신만의 고유 웹사이트 주소를 만들어도 되고, 자신만의 도메인이 있다면 [기존 도메인 사용]을 클릭해서 기존 도메인을 연결해서 사용할 수도 있습니다.

[미리보기]를 누르면 PC뿐 아니라 모바일로 봤을 때 어떻게 보이는지 알 수 있습니다. 반응형으로 만들어져 있어서 기본적인 레이아웃이 최적화되어 나오지만 비율적으로 맞지 않는 부분이 있을 때 [미리보기]를 통하여 어색한 부분을 확인 후 수정할 수 있습니다.

❶ PC로 홈페이지가 어떻게 보이는지 미리보기 합니다.

❷ 모바일로 홈페이지가 어떻게 보이는지 미리보기 합니다.

❸ [모바일에서 크기 조정]을 체크하게 되면 모바일에 최적화된 크기로 자동 변형됩니다.

만들어진 홈페이지에서 내용이 너무 많아 길어지게 되면 다시 홈으로 돌아가기 위해 마우스를 스크롤하기가 힘이 듭니다. 이럴 때 곳곳에 홈 버튼을 넣어놓으면 클릭만 하면 바로 홈으로 돌아갈 수 있어 편리합니다.

[요소]에서 '홈버튼' 또는 '홈 아이콘'으로 검색 후 적당한 모양을 가져옵니다.

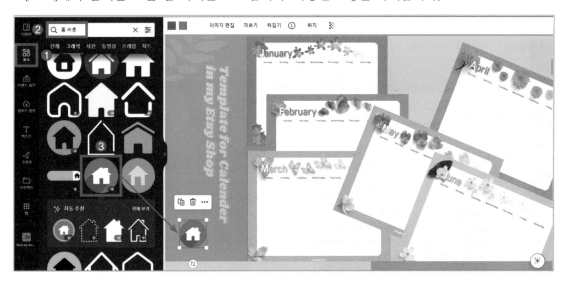

홈 버튼을 클릭한 후 바로 위에 나타나는 휴지통 옆에 점세개(...) 아이콘을 클릭하거나 마우스 우클릭을 하면 메뉴 창이 나타납니다. [링크]를 선택합니다.

클릭하면 홈 버튼을 클릭했을 때 옮겨질 페이지들이 나타납니다. 우리는 홈으로 돌아갈 것이기 때문에 첫 번째를 선택합니다.

마찬가지 방법으로 홈페이지 맨 마지막 페이지에 있는 자신의 연락처도 [링크] 아이콘 클릭 후 자신의 블로그, 유튜브, 인스타그램 주소 링크를 입력한 뒤 [완료]를 누르면 됩니다.

이렇게 캔바에서 만든 작품을 캔바 홈페이지 기능을 이용하여 나만의 포트폴리오로 만들어 보았습니다. 이제부터는 자신이 만들었던 작품을 홈페이지에 가져와서 여기저기 배치합니다.

2. 나만의 아바타 캐릭터 빌더(Character Builder)

기능선택툴 메뉴 맨 밑에 있는 [앱] 속에는 몰라서 사용 못하고 있는 보물들이 많이 숨어 있습니다. 그중 [캐릭터 빌더]를 이용하면 마치 인형놀이하듯 머리, 얼굴, 몸통을 조합해서 재미있는 캐릭터를 만들 수 있습니다.

[전체 보기]를 누르면 머리, 얼굴, 몸통별로 다양한 옵션들을 볼 수 있습니다.

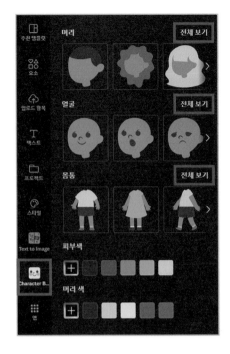

[머리]를 선택해서 원하는 헤어스타일을 클릭 후, [얼굴]에서 자신의 감정을 제대로 표현한 모습을 만들고, [몸통]에서 포즈를 하나 선택합니다. 마지막으로 적절한 피부색과 머리색을 선택하면 끝입니다. 마치 어린이들이 인형놀이하듯 이것저것 클릭하기만 하면 되는 놀이입니다.

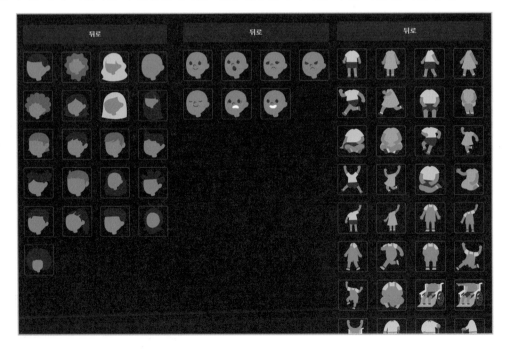

[캐릭터 빌더]로 나만의 캐릭터 만드는 재미에 푹 빠져 보세요.

3. 캔바에서 [그리기] 기능까지

캔바의 [그리기]에는 4종류의 펜이 있습니다. 제각각 크기와
투명도를 달리하면서 다양한 효과를 낼 수 있습니다.

아이패드나 펜 타블렛이 있으면 사용하기 더 편하겠지만 마우
스로도 얼마든지 유용하게 사용할 수 있습니다.

수학 워크시트지 템플릿을 하나 가져온 뒤 펜을 사용해 보겠습니다.

❶ 기능선택툴 메뉴에서 [그리기]를 선택합니다.

❷ [펜]을 선택합니다.

❸ [설정]을 선택해서 펜 두께와 투명도를 조절합니다.

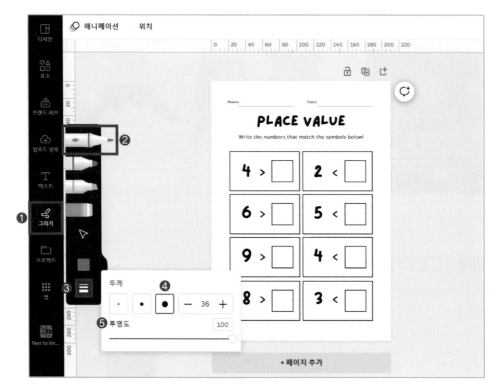

이제 펜으로 워크시트지 위에 답을 써 보도록 하겠습니다.

❶ [펜]을 선택합니다.

❷ [색상]을 클릭합니다.

❸ 펜 색을 선택합니다.

❹ 워크시트지에 손글씨로 쓴듯한 답을 쓰기 시작합니다.

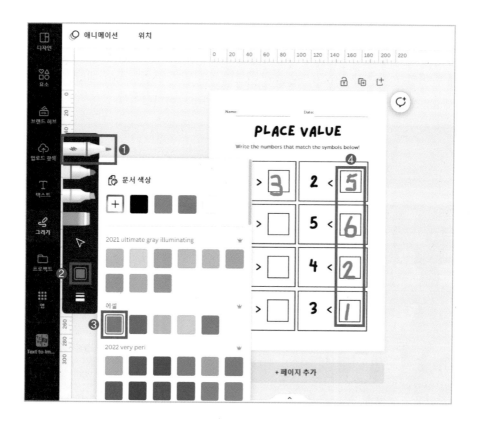

이뿐 아니라 프리핸드 드로잉으로 다양한 펜 유형과 색상을 선택하여 디자인에 주석을 달거나, 하이라이트를 표시하면서 자유롭게 그릴 수 있습니다. 다음은 [그리기]에서 펜 두께와 투명도 조절을 해서 간단한 손그림으로 배경지를 그린 샘플입니다.

4. 이모티콘, 이모지 스티커 삼총사

[앱] 속에 숨어있는 삼총사 Sitpop, Pixton, 이모티콘은 뭔가 표현하기 애매할 때 한 번씩 꺼내어 사용해 보세요. 작업할 때 의외로 많이 쓰이는 귀여운 삼총사입니다.

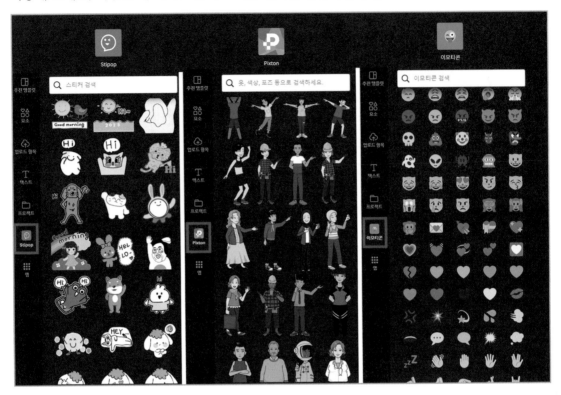

핸드폰 문자나 카톡에서 간편하게 사용하는 이모티콘을 캔바 작업하면서 적절한 곳에 넣어 사용할 수 있습니다.

09 : 원하는 이미지 바로 찾아주는 캔바 키워드 모음집

1. 캔바를 잘 사용하려면?

여태까지 캔바의 기능을 배우면서 다양한 작품을 만들어 보았습니다. 이번 단원에서는 한 단계 더 나아가서 캔바를 정말 잘 사용하기 위한 '키워드' 기법에 대해 다루어보기로 합니다.

대부분의 사람들은 원하는 이미지를 찾기 위해 일차원적인 단어만을 사용하고 있습니다. 그렇지 만 2차, 3차 등 좀 더 정밀하게 설정된 키워드를 사용한다면 이미지를 찾는데 따른 시간을 낭비하 지 않으면서도 고퀄리티의 작품을 만들어낼 수 있습니다.

영어를 좀 할줄 아는 사람이라고 해도 그 나라의 문화와 특정한 상황에서 쓰는 단어들을 잘 모른 다면 찾을 수 없는 단어들이 참 많이 있습니다. 하물며 영어를 잘 모르는 사람들은 더욱 힘들 것이 라고 생각합니다.

그래서 벡터 그래픽 이미지, 사진 이미지뿐 아니라 원하는 템플릿을 찾을 때 필요한 키워드를 분 류했습니다.

이 책에 사용된 키워드들은 캔바 작업할 때뿐 아니라 언스플래쉬(unsplash.com)나 픽사베이 (pixabay.com) 등의 이미지 사이트에서 원하는 이미지를 찾을 때도 아주 유용하게 사용할 수 있습 니다.

2. 작업 시간을 몇 배나 줄여주는 이미지 검색어가 필요한 이유

SNS를 비롯해 광고, 블로그, PPT 등 수많은 컴퓨터 작업을 하면서 빼놓을 수 없는 게 바로 이미지입니다. 많은 디자이너들은 무료 이미지 사이트를 몇 개씩 북마크 해두고 사용 중일 것입니다. 하지만 과연 얼마만큼 무료 이미지 사이트를 효과적으로 잘 사용하고 있을지는 의문입니다.

저도 맨 처음 이미지를 찾을 때에 사람, 자연, 사물, 음식 등의 큰 검색어 위주로만 검색을 하는 바람에 좀 더 유니크하고 다양한 이미지를 쓰고 싶을 때 어떤 검색어를 사용해야 할지 막막한 경우가 참 많았습니다. 아마도 많은 사람들이 이런 경험을 했을 것입니다.

여기에서 설명한 검색어는 캔바뿐 아니라 다른 이미지 사이트에서도 사용할 수 있어서 작품의 질도 높이고 작업 시간도 엄청 단축할 수 있습니다.

제일 일반적인 사용법은 우리가 잘 알고 있는 단어들의 조합입니다. 예를 들어 꽃이 들어간 패턴은 flower, pattern 같은 단어를 조합해서 찾아보면 거의 자신이 원하는 비슷한 이미지를 찾을 수 있습니다.

그래서 이런 일반적인 단어 조합으로 찾은 이미지를 몇 가지 예시로 들었습니다. 그 다음은 우리가 잘 쓰지 않는 단어로만 찾을 수 있는 이미지들도 구성해 보았습니다.

예를 들면 memphis, bokeh, confetti, block lady, quote 등, 평소 익숙하지 않은 단어들이라 이미지 찾을 때 유용하게 쓰일 것이라 생각합니다.

또한, 막상 단어를 보면 "아~하" 하겠지만 이런 키워드 사전 없이 그냥 이미지를 찾으려고 하면 막막할 때가 많은데, 그런 종류의 검색어들도 구성해 보았습니다.

모쪼록 여기에서 제시한 키워드 이미지들이 많은 도움이 되기를 바라며, 이를 바탕으로 좀 더 자신만의 이미지를 찾을 수 있는 기술을 터득하시기를 바랍니다.

Photo Keywords

▶ 다양한 백그라운드 이미지

▶ 텍스쳐

▶ 다양한 사람 얼굴 표정

▶ 다양한 재질의 서체

▶ 3D 이미지

▶ 특수 효과 이미지

▶ 비지니스

▶ 긍정 문구

▶ 꼴라쥬

▶ 창의적인 아이디어

▶ 팝아트

▶ 유명한 화가들

WOMAN WITH GLASSES 0006

WASHI TAPE 0007

VIBRANT WAVE PAINT DAUBS 0008

VIBRANT COLOR SPOT DEFOCUSED 0009

TROPICAL GREEN LEAVES 00010

TINFOIL EMBOSS BACKGROUND 0011

TRACES BACKGROUND 0012

STEEL PLATED BACKGROUND 0013

STUCCO BACKGROUND 0014

TIGER SKIN SEAMLESS PATTERN 00015

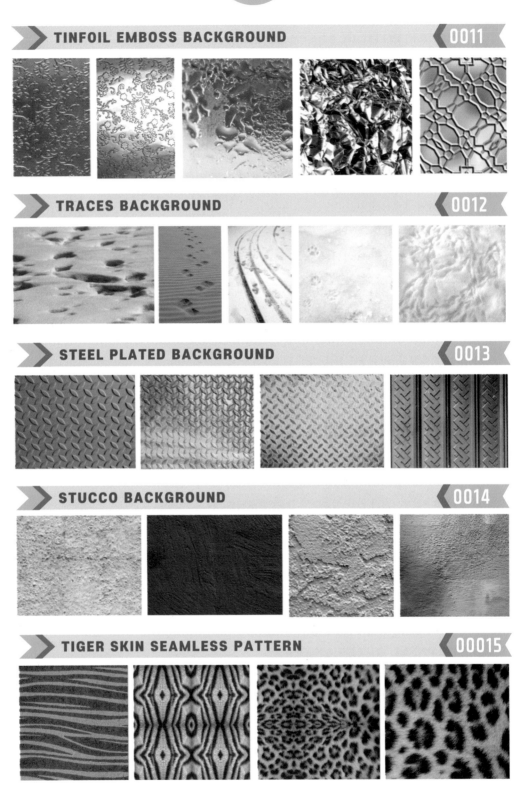

요소/사진

SKYSCRAPERS　0016

TIMELAPSE PHOTOGRAPHY　0017

LAKE LANDSCAPE　0018

MOUNTAIN LANDSCAPE　0019

CITY SKYLINE　00020

THE MAN WITH GLASSES OF VIRTUAL REALITY 0021

SERIES HUMAN FACE 0022

BEARDED MAN IN SUIT 00023

OLVI (BLACK& WHITE) 0024

STEAM 0025

SHATTER 0026

SHATTERED DANCER 0027

SILHOUETTE ‹ 0028

SHELL BACKGROUND ‹ 0029

 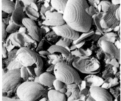  

PENCIL SKETCH FLORAL ILLUSTRATION ‹ 0030

POP ART STYLE WOMAN ‹ 0031

POP ART 0032

  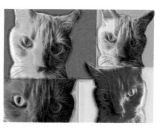

COLORFUL POP ART BACKGROUND 0033

RETRO POP ART 0034

POWDER PIGMENT　0035

POWDER PIGMENT BACKGROUND　0036

PRESSED PLYWOOD BACKGROUND　0037

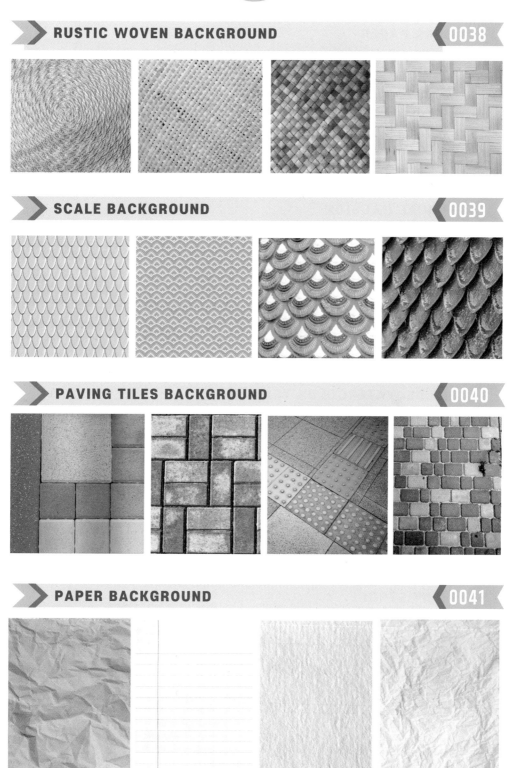

RUSTIC WOVEN BACKGROUND 0038

SCALE BACKGROUND 0039

PAVING TILES BACKGROUND 0040

PAPER BACKGROUND 0041

COLOR PAPER 0042

OPTICAL ILLUSION 0043

OMBRE WATERCOLOR TEXTURE 0044

PAINT STROKE 0045

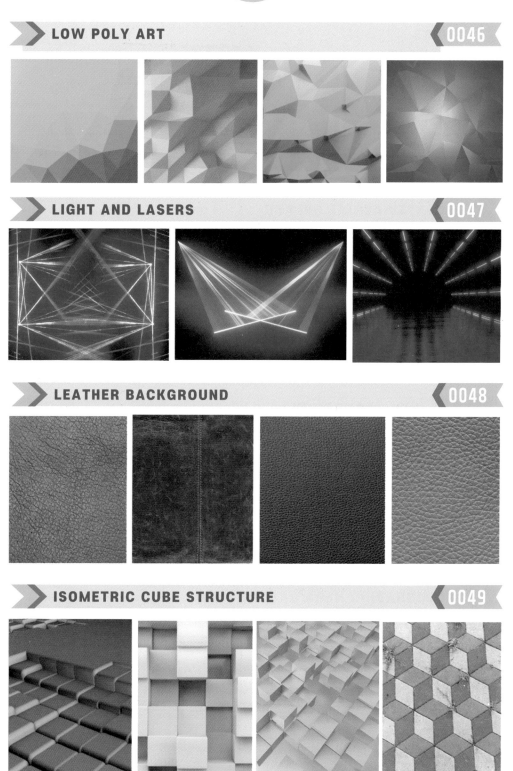

LOW POLY ART — 0046

LIGHT AND LASERS — 0047

LEATHER BACKGROUND — 0048

ISOMETRIC CUBE STRUCTURE — 0049

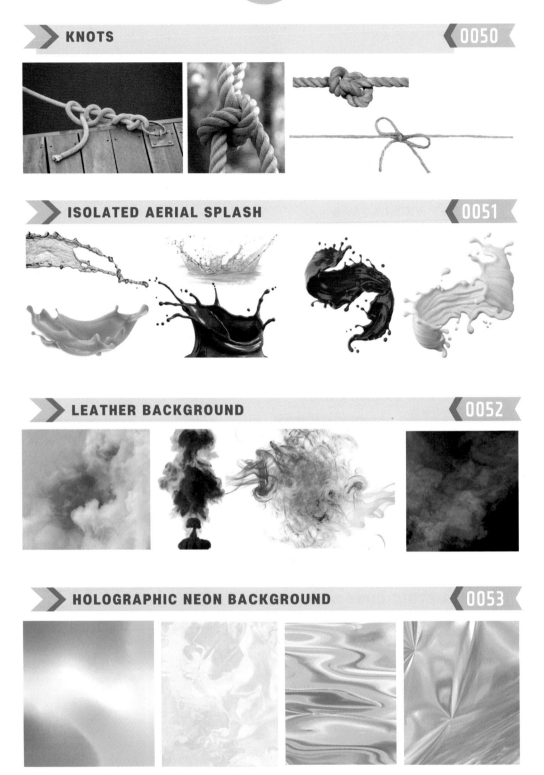

요소/사진

KNOTS 0050

ISOLATED AERIAL SPLASH 0051

LEATHER BACKGROUND 0052

HOLOGRAPHIC NEON BACKGROUND 0053

HOLOGRAM TECHNOLOGY 0054

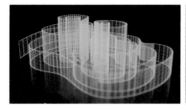

INDIAN FEMALE NATIVE AMERICAN 0055

IMAGE OF WOMAN LOOKING AT THE CAMERA YELLOW BACKGROUND 0056

IMAGE OF WOMAN LOOKING AT THE CAMERA PINK BACKGROUND 0057

요소/사진

ICE CUBE LETTER | 0058

GREEN TREE ALPHABET | 0059

CUBIC GOLDEN ALPHABET | 0060

GOLDEN LETTERS WITH DIAMONDS | 0061

요소/사진

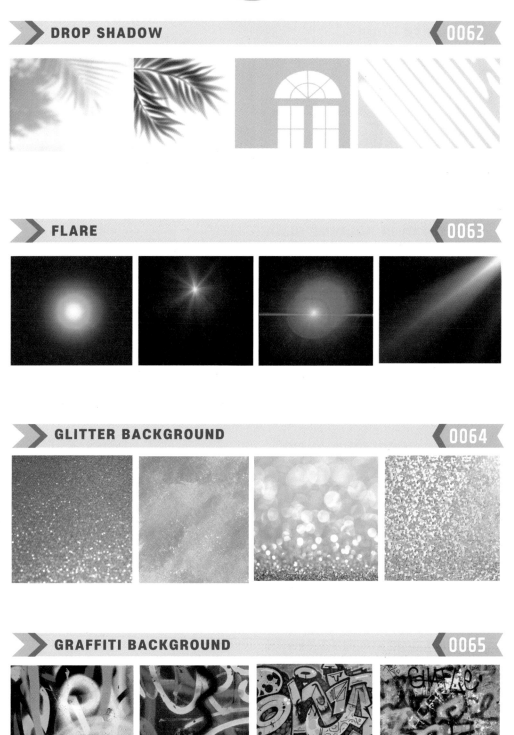

> **DROP SHADOW** <0062

> **FLARE** <0063

> **GLITTER BACKGROUND** <0064

> **GRAFFITI BACKGROUND** <0065

GOLDEN HOUR　0066

WOMAN IN HOLDING BLANK　0067

MAN IN HOLDING BLANK　0068

CHILD IN HOLDING BLANK　0069

GLOWING LIGHT BULB 0070

GLASS BACKGROUND 0071

FROSTED BACKGROUND 0072

FOIL BACKGROUND 0073

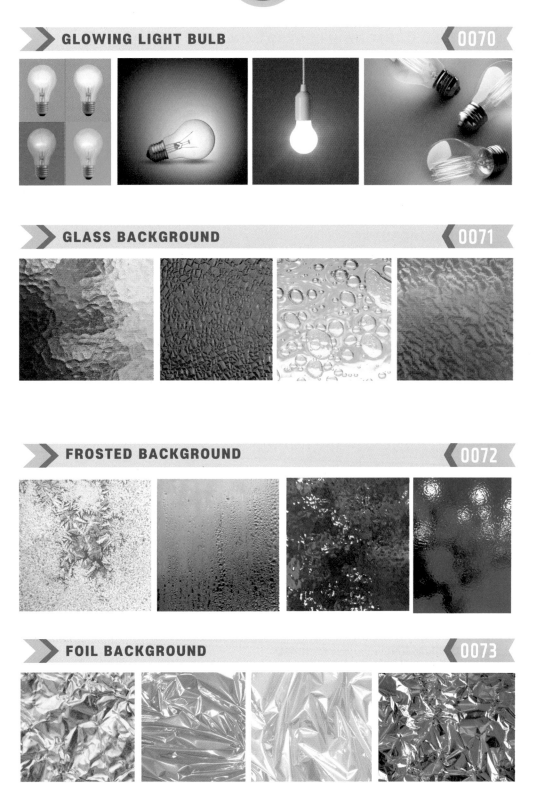

FUN 3D CARTOON ILLUSTRATION　0074

FUN SUPERHERO　0075

CHARACTER 3D ILLUSTRATION　0076

3D HUMAN　0077

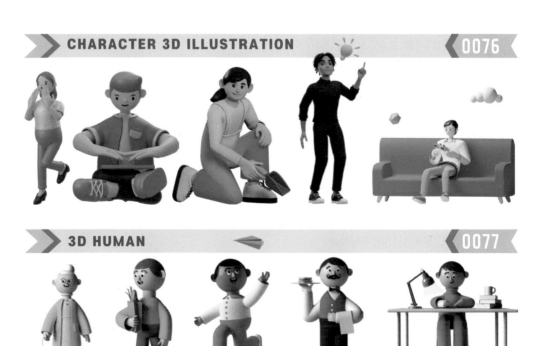

ABSTRACT PAINT ILLUSTRATION 0078

ABSTRACT GEOMETRIC PAPER BACKGROUND 0079

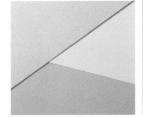

ABSTRACT POWDER SPLATTED 0080

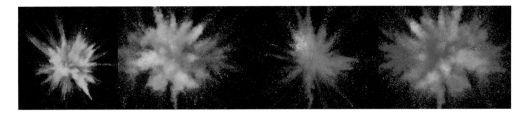

BLONDE IN VR GLASSES AND HEADPHONES 0081

BURNED EDGES 0082

BUBBLE BACKGROUND 0083

DENIM BACKGROUND 0084

MOTION BLUR 0085

FLAT LAY ILLUSTRATION　　0086

FLAT LAY PLACE FOR TEXT　　0087

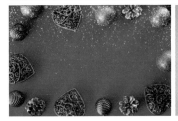  

GOLD BRUSH STROKE　　0088

MODERN DANCER　　0089

FRUITS AND VEGETABLES FORMING THE SLOGAN 0090

FLAT LAY OF FRUITS AND VEGETABLES 0091

COLORFUL CANDIES   0092

COLORFUL BIRTHDAY CAKE   0093

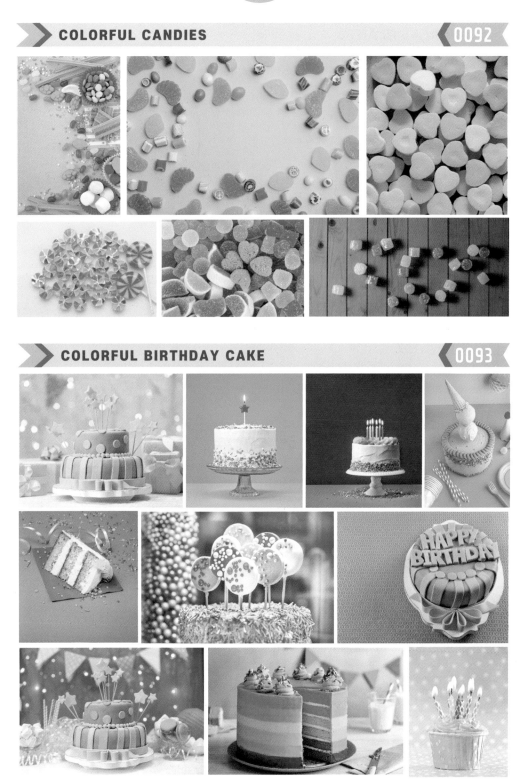

SURREAL PLANTS `0094`

SURREAL PORTRAIT `0095`

SURREAL CREATIVE DOUBLE EXPOSURE PORTRAIT `0096`

DOUBLE EXPOSURE BUSINESSMAN 〈0097〈

ANIMALS IN FRAME WITH 3D EFFECT 〈0098〈

FEMALE MOTIVATION 〈0099〈

MOTIVATION REALISTIC TEXT 〈0100〉

FIND YOUR BUSINESS MOTIVATION 〈0101〉

EMOTIONAL IMAGE 〈0102〉

EMOTIONS INSIDE HUMAN 0103

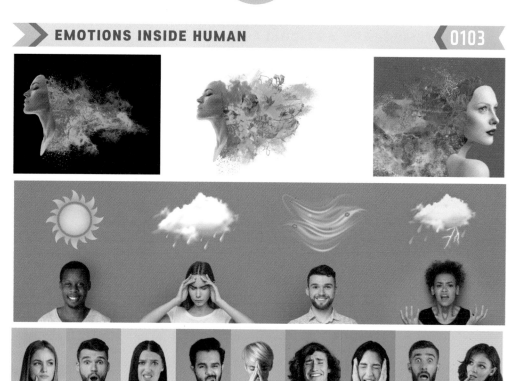

CREATIONS OF HUMANITY 0104

CONTEMPORARY ART COLLAGE · 0105

SHELL BACKGROUND · 0106

STEAM · 0107

VAN GOGH · 0108

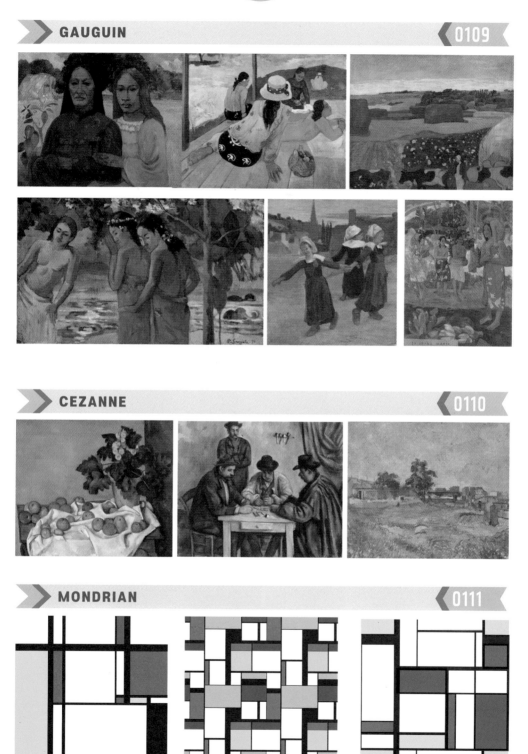

> GAUGUIN   0109

> CEZANNE   0110

> MONDRIAN   0111

RENOIR 0112

SEURAT 0113

Graphic Keywords

- ▸ 다양한 액체 물방울 이미지
- ▸ 말풍선
- ▸ 꽃과 식물 종류
- ▸ 메모지와 테이프 종류
- ▸ 제목 테두리
- ▸ 붓 터치
- ▸ 추상적 이미지
- ▸ 축하 이미지
- ▸ 다양한 사람
- ▸ 글자에 다양한 효과
- ▸ 명언
- ▸ 만화 이미지

ABSTRACT BLOBS1 0001

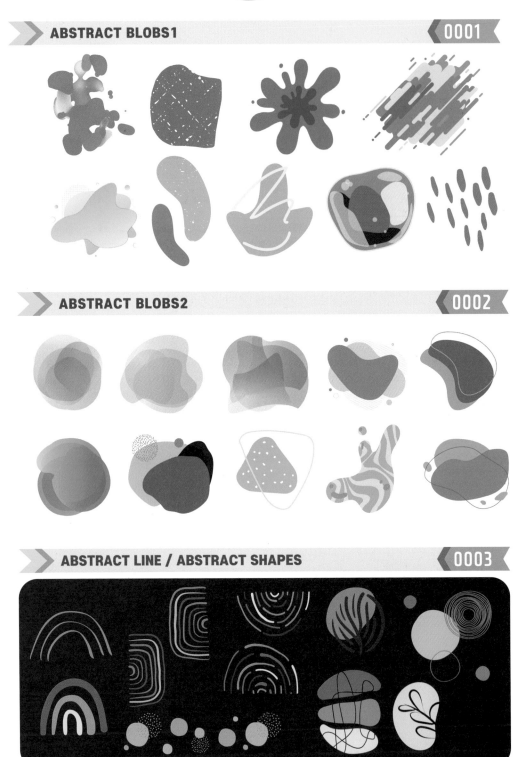

ABSTRACT BLOBS2 0002

ABSTRACT LINE / ABSTRACT SHAPES 0003

BAM/OMG/BLOBS 0004

SPEECH BUBBLE / MESSAGE 0005

BUBBLE FRAME NEON 0006

FREEFORM FLOWER 0007

FLOWER FRAME 0008

FLOWER CORNER / FLOWER BORDER / FLOWER CIRCLE/ FLOWER FRAME / FLOWER ROUND / WREATH 0009

PENCIL FREEFORM FLOWER / FREEFORM FLOWER　0010

FLOWER(FLORAL) PATTERN / FLOWER BACKGROUND　0011

SEAMLESS　0012

MONSTERA　0013

RIPPED FRAME   0014

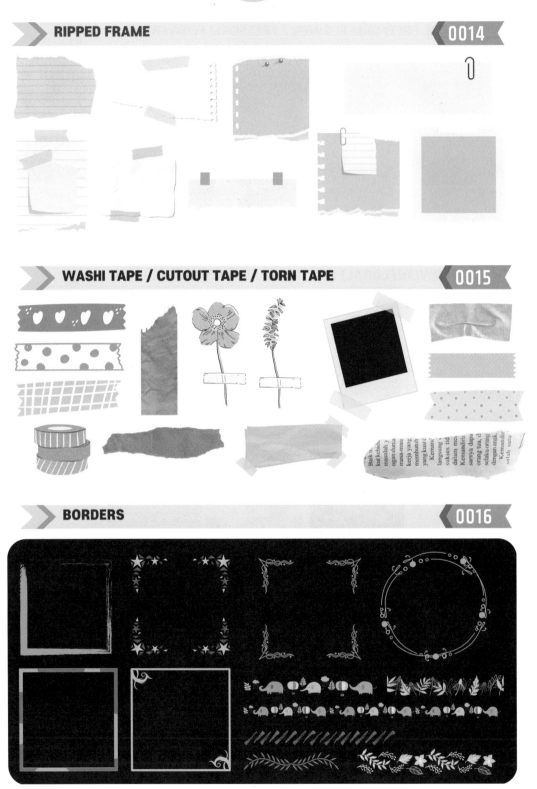

WASHI TAPE / CUTOUT TAPE / TORN TAPE   0015

BORDERS   0016

요소/그래픽

PHOTO CORNER 0017

TEXTURE & PATTERN1 0018

TEXTURE & PATTERN2 0019

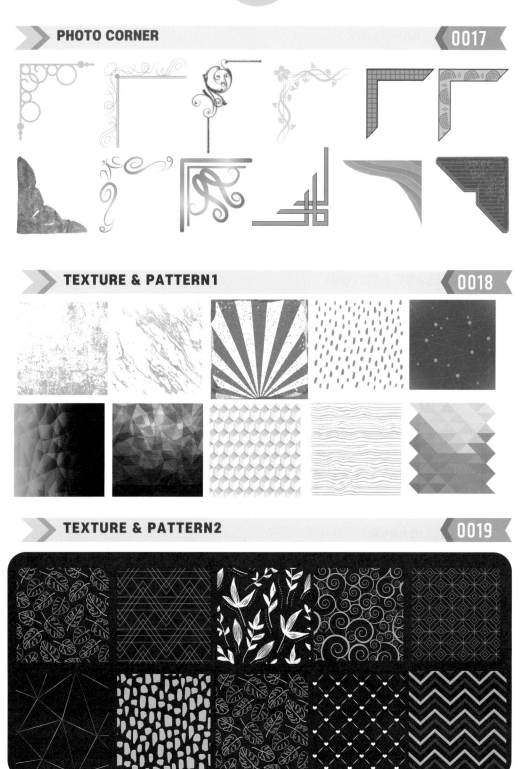

LADY FIGURE LINE · 0020

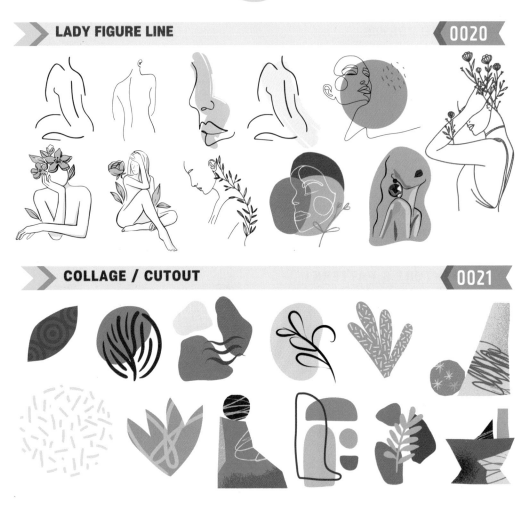

COLLAGE / CUTOUT · 0021

CALLIGRAPHY · 0022

요소/그래픽

LADY FIGURE LINE 0023

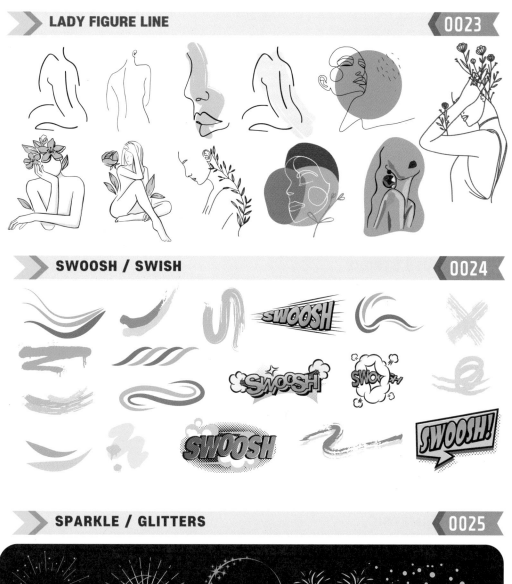

SWOOSH / SWISH 0024

SPARKLE / GLITTERS 0025

CONFETTI 0026

BRUSH STROKE 0027

GEOMETRIC 0028

WAVE 0029

DOTS 0030

MEMPHIS 0031

BLOCK LADY1 `0032`

BLOCK LADY / FASHIONABLE `0033`

NEW NORMAL `0034`

CARTOON COUNTRY / SIGHTSEEING 0035

ON OFF BUTTON / TOGGLE / SWITCH 0036

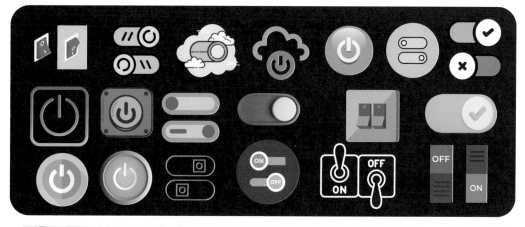

INSTAGRAM HIGHLIGHT COVER ICONS 0037

BOKEH 0038

ONLINE FRIENDSHIP 0039

ISOMETRIC 0040

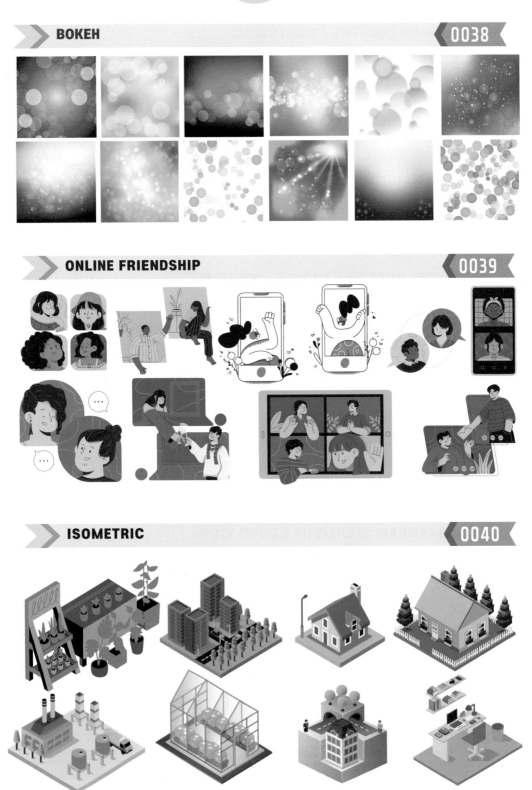

SOCIAL MEDIA UI   0041

BOLD MINIMALIST   0042

RETRO / VINTAGE   0043

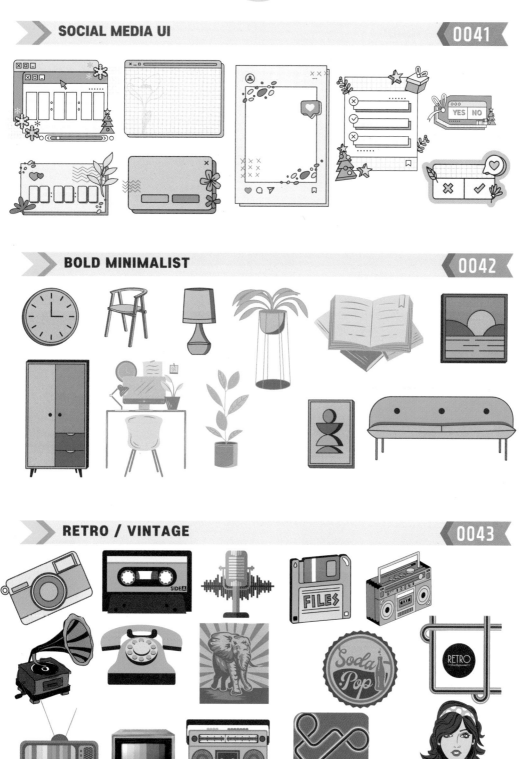

NEON WORDS 0044

BRUSH GOLD 0045

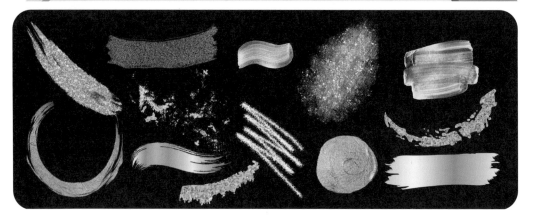

SPLASH 0046

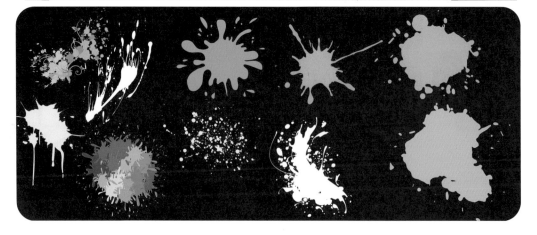

GIFTS / PRESENT 0047

BRUTALIST / TEXTURED BRUTALIST 0048

PSYCHEDELIC 0049

SELF CARE 0050

3D HUMMANS 0051

3D ANIMALS 0052

CHIBI 1 0053

CHIBI 2 0054

DOODLE 0055

요소/그래픽

HANDPAINTED / WATERCOLOR HANDPAINTED　　　　0056

QUOTES / TYPOGRAPHY　　　　0057

LETTER PAINT STROKE 0058

PAINT4RQJM
RFHUD AHQBM

3D NEON LIGHT LETTER 0059

NEON FCNG
Neon TNZR

FOLDED LETTER 0060

FOLD VCPT
HKPMYV

LETTER BALLOON 0061

LETTER MELT 0062

LETTER HONEY 0063

LETTER FILLED WITH FLOWER 0064

LETTER WATERCOLOR 1 0065

LETTER WATERCOLOR 2 0066

LETTER FILLED WITH FLOWER 0067

ZODIAC SYMBOLS 0068

ARIES

LEO

ZIGZAG 0069

요소/그래픽

VOGUE (@SKETCHIFYPHILIPPINES)　0070

OUTLINE WOMAN FACE　0071

SKIN CARE　0072

요소/그래픽

SOCIAL MEDIA MARKETING　　0073

SOCIAL MEDIA UI FRAMES　　0074

SOCIAL MEDIA ICONS　　0075

요소/그래픽

SILHOUETTE 0076

SEAL STAMP ICON 0077

SCREEN BAR 0078

POP ART FACE 0079

PRICE TAG 0080

PARCEL 0081

요소/그래픽

COLOR SPLASH

0082

DECORATIVE SWIRLS DIVIDER

0083

DOTTED ARROW

0084

DOODLE EMOTION FACE 0085

FACE EMOJI 0086

COMIC FACE 0087

ECOLOGY `0088`

EXPLOSION POP ART `0089`

POP ART BACKGROUND `0090`

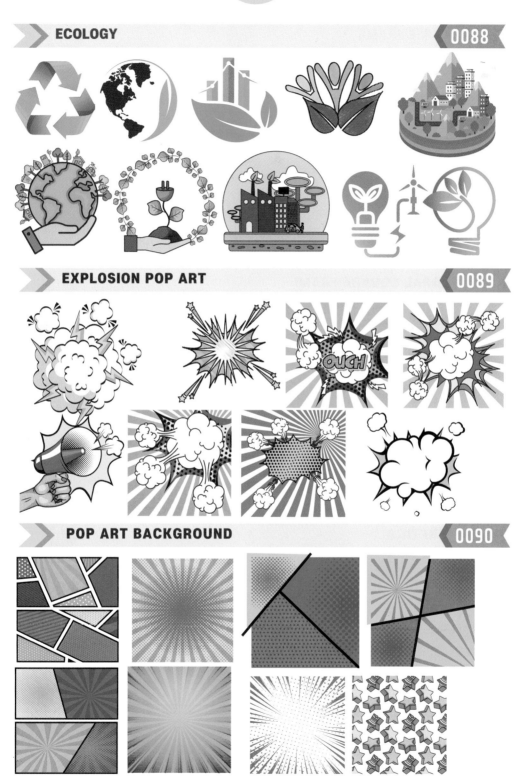

FILIGREE FRAME 0091

FLORAL SQUARE FRAME 0092

GENETICS 0093

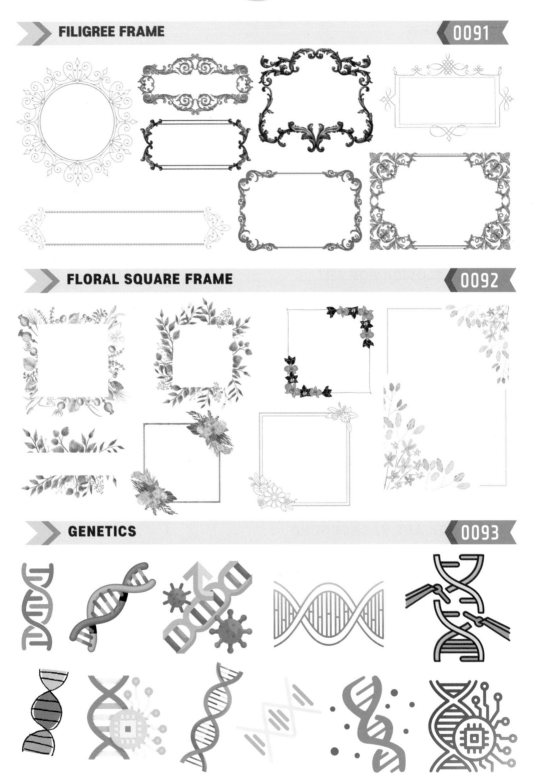

요소/그래픽

GENETICS SEAMLESS 0094

FLOWER SEAMLESS 0095

DOG SEAMLESS 0096

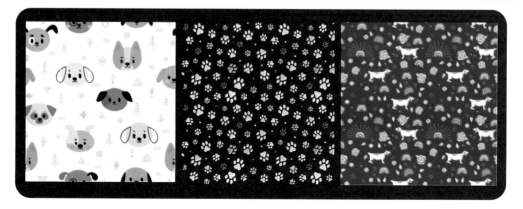

AUTUMN SEAMLESS 0097

PEOPLE SEAMLESS 0098

TEACUPS SEAMLESS 0099

PLANET SEAMLESS 0100

SCHOOL SUPPLIES SEAMLESS 0101

CATS SEAMLESS 0102

TOWN SEAMLESS 0103

CAR SEAMLESS 0104

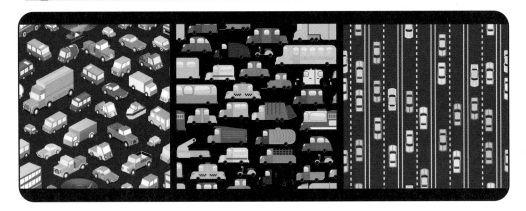

FOOD SEAMLESS 0105

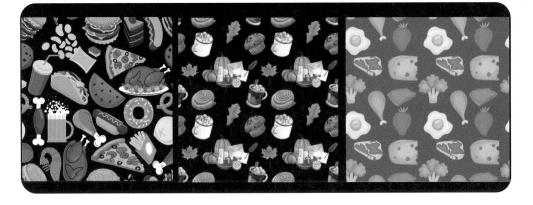

GRADIENT BLUR 0106

INFLATE RUBBER BALLOONSPRO 0107

KAWAII 0108

ORGANIC SUMMER 0109

QUILL 0110

BOHO 0111

꼭 짚고 가야 할 캔바 저작권

1. 상업적 이용 범위 어디까지 가능한가?

캔바에서 만든 디자인은 상업적 이용이 어디까지 가능할까요? 허용 범위와 상업적으로 이용할 때 주의해야 할 점을 살펴보겠습니다.

Canva(캔바)에서 만든 디자인으로 머그잔, 엽서, 스티커 등 제품 인쇄도 할 수 있기 때문에 판촉물로 마케팅과 비즈니스에도 다양하게 사용할 수 있습니다.

그러나, 이렇게 Canva(캔바)로 다양하게 만든 디자인을 상업적으로 이용하는 것이 문제가 없을지 걱정하는 사람들이 있을 것입니다.

결론부터 말하자면 Canva(캔바)로 만든 디자인은 기본적으로 원본 그대로를 사용하는 것이 아니면 상업적으로 이용이 가능합니다. 무료 사용자나 Canva Pro 사용자나 요금 플랜에 관계없이 Canva(캔바)에서 만든 디자인은 상업적 이용이 가능하며, 별도의 출처 표시도 필요하지 않습니다.

구체적으로 어떤 부분에서 상업적으로 이용이 가능한지 정돈해 봅니다.

- 홈페이지 게재
- SNS 게시물에 사용
- 광고, 영업 자료 등 마케팅 자료에 사용
- Canva(캔바)로 만든 디자인이 들어간 상품 판매
- 주문인쇄(POD) 사이트에 캔바에서 직접 제작한 디자인 업로드

2. 상업적 이용 시 주의사항과 허용범위

캔바로 만든 디자인을 상업적으로 이용할 때 주의사항과 허용되지 않는 범위를 확인해 보겠습니다.

주의점 ❶ 캔바에 있는 디자인 요소를 변형하지 않은 채 원본 그대로 판매 또는 재배포하면 안 됩니다. 하나의 요소를 단독으로 사용하는 건 안 되며 다양한 요소를 조합하거나 색의 변형을 가한 뒤 사용할 수 있습니다. 예를 들어 변형하지 않은 캔바 요소 이미지 하나를 POD 사이트에서 머그잔으로 인쇄하는데 사용할 수 없습니다.
템플릿의 텍스트와 색상 또는 배경을 변경해서 사용하거나 소재의 조합 또는 도형과 선을 추가하여 자신만의 작품으로 재창조해서 사용하면 됩니다.

주의점 ❷ 캔바에서 만든 디자인은 상표등록이 불가능합니다. 특히 캔바로고 템플릿을 사용하여 로고를 만든 경우는 주의가 필요합니다. 캔바 템플릿과 소재는 누구나 자유롭게 사용할 수 있기 때문에 다른 사람과 비슷한 로고 디자인이 나올수 있어 독점권을 주장할 수 없고 상표등록을 할 수 없습니다.

주의점 ❸ 캔바의 디자인 콘텐츠를 스톡 사진 서비스와 같은 사이트에서 판매할 수 없습니다. 캔바의 디자인 콘텐츠를 제3자에게 판매하거나 배포하는 것은 금지되어 있습니다. 다른 사람의 디자인을 복사하여 판매하는 일은 저작권 침해에 해당하기 때문입니다.

위 사항만 주의하면 캔바에서 만든 디자인을 얼마든지 상업적 용도로 이용할 수 있습니다.